Parent
Child
Interaction
Therapy

1日5分!

PCITから学ぶ
0〜3歳の心の育て方

精神科医 加茂登志子

小学館

この本は、日本版「ＰＣＩＴトドラー」とも言えるもので、最初に開発されたアメリカ版から多くを学んで書きました。出版をとても喜んでくれたアメリカ版著者代表のエマ先生から、日本の読者に向けてメッセージをいただいたので、ご紹介します。

日本の皆さんへ

皆様、こんにちは。私は、アメリカ版「ＰＣＩＴトドラー」著者代表の、エマ・Ｉ・ジラードです。

この本は、幼児の強い気持ちや感情をどのようにコントロールすればよいかを、親（養育者）である皆さんと一緒に考えていくための実用的な本として日本で執筆されたものです。

幼い子どものメルトダウン（感情の爆発）は実際よくあることですが、多くの親は強いストレスを感じ、どう対処したらいいのか悩みます。この本を手に取ったあなたも、もしかしたらそのひとりなのかもしれません。

ここでは、幼児がメルトダウンから回復するのを助け、親が自分の子育てに自信をつけるためのとっておきの戦略や便利なツールを紹介しています。

幼児を落ち着かせる方法、言語能力を高める遊び方、この年齢層に見られる典型的な攻撃的行動に対して、おだやかに、しかし迅速に制限を設ける方法などが、わかりやすい例で紹介されています。

ＰＣＩＴトドラーから学んだ子育てスキルについて、わかりやすく、楽しく紹介したこのガイドブックを、親であるすべての皆さんが手に取ることができるようになってとても感激しています。感受性豊かで健やかな子育てを広く後押ししてくださったカモママ先生、どうもありがとうございます！

心からの感謝をこめて

エマ・I・ジラード Psy.D.
公認臨床心理士
PCIT -Toddlers 共同執筆者・共同開発者

はじめに　――親子の心の習慣をつくるＰＣＩＴトドラー

日本には「三つ子の魂百まで」ということわざがあります。小さいときの子どもの性格は、大人になっても受けつがれるという意味です。

このことわざは少しだけ当たっている部分があります。それは、子どもにとって3歳になる前の養育者とのインタラクション（相互交流）が、心と発達の土台づくりにとても重要だということです。子どもは生まれた日から親子のふれあいを通して言葉を学び、感情を学びます。3歳になる頃には、その子なりの行動パターンも一部にはできあがっています。

けれども、3歳の性格のままで大人になるわけではもちろんありません。成長過程にさまざまな出会いや経験が積み重なって、人間の考え方や行動パターンはその都度変わっていきます。

内気だった子が積極的な青年になったり、逆に明るかった子どもが外出できなくなったりといった例は、枚挙に暇がありません。自分から行動パターンを変えた人、他人からの影響を受けて自然に変化した人など、さまざまです。

思春期前の子どもでは、親子の相互交流をもとに、子どもの乱暴な行動がおさまったり、落ち着いて行動ができるようになったりといった変化がしばしば見られます。そのような変化が起こりやすくなる心理療法がＰＣＩＴです。

ＰＣＩＴという名前は、正式には「Parent-Child Interaction Therapy」（親子相互交流療法）といいます。「言うことを聞かない」「乱暴」「落ち着かない」「ぐずぐずする」など、問題行動の目立つ子どもと育児に悩む親の治療法として、1970年代のアメリカで開発されました。親子で一緒に遊んでコーチングを受けるところがユニークで、とても大きな治療効果があることでも知られています。

開発の背景などくわしい説明は『1日5分で親子関係が変わる！育児が楽になる！ PCITから学ぶ子育て』（小学館）にゆずりますが、発達障害のある子どもやトラウマを抱えた子どもにも効果があることが認められており、世界的にPCITへの理解と導入は広がりつつあります。日本への導入は2008年ですが、今では各地の児童相談センターや心理系・医療系の大学・クリニックなど多くの場所で採用されるようになりました。大学病院でも取り組んでいるところがあります。

PCITを体験した親からは「子どもがもっと小さいうちにPCI

Tを知りたかった」という声をよく聞きます。「子どもが赤ちゃんのうちから声のかけ方を知っていれば、もっと育児がラクだったはず」というものです。私も同感です。

そうした声に応えて開発されたのが、2歳までの子どもの発達段階に合わせた「PCITトドラー」です。2歳から7歳が主なターゲットとなる標準型PCITのスキルと重なるものも多いですが、問題行動をなくすというよりは、予防に重点を置いているのが特徴です。

ということで、PCITトドラーの主なねらいは、①子どもの安定したアタッチメント（愛着）の育成と発達の足場づくり、②かんしゃくへの対応（感情発達が未熟な子どもの感情コントロールを助ける）、③親自身の感情コントロール、④親の言うことを聞く練習をする、などです。

2歳までの子どもは、感情が未分化で発達の途上にあります。もちろん言葉もまだ自由に使いこなせないので、気持ちを伝えることが苦手です。そんな子どもに感情の名前を教える「感情のラベリング」というスキルも追加されています。

たまにかんしゃくを起こすくらいは発達上ごく自然なことで、とくに大きな問題はありません。自己を主張することを学んでいくうえで、不快な感情を爆発させることもまた成長に必要な過程です。ただ、かんしゃくが頻繁に起きれば、また感情のコントロールがいつも難しければ、親は疲れてしまいますし、親自身の感情コントロールも難しくなります。悪循環に陥る前に予防してよい循環をつくっていく。ＰＣＩＴトドラーはそんなことを目指しているプログラムです。

スキル一つ一つは難しいものではなく、どんな親子にも役立ちます。親子の関係はこれから一生続くものです。これから始まる子どもの人生のために、そして長く続く親稼業のために、ＰＣＩＴトドラーを活用して、今のうちからハッピーな親子関係をつくっていくお手伝いができたらうれしいです。

なお、アメリカ版「ＰＣＩＴトドラー」は、12～24か月の幼児向けに開発されましたが、実際の臨床では、6か月頃から30か月の年齢幅で使われています。時には3歳を越えて使われることも。そのため、この本の題名を「0～3歳の心の育て方」にしました。

Contents

第2章 小さな子どもの言葉と心は周囲との交流から育つ　43

第3章

PCITトドラーで親子関係を安定させ、子どもの心のスキルを高める

＼1日5分だけ！／

第4章 PCITトドラーを応用し、親子の日常をハッピーに

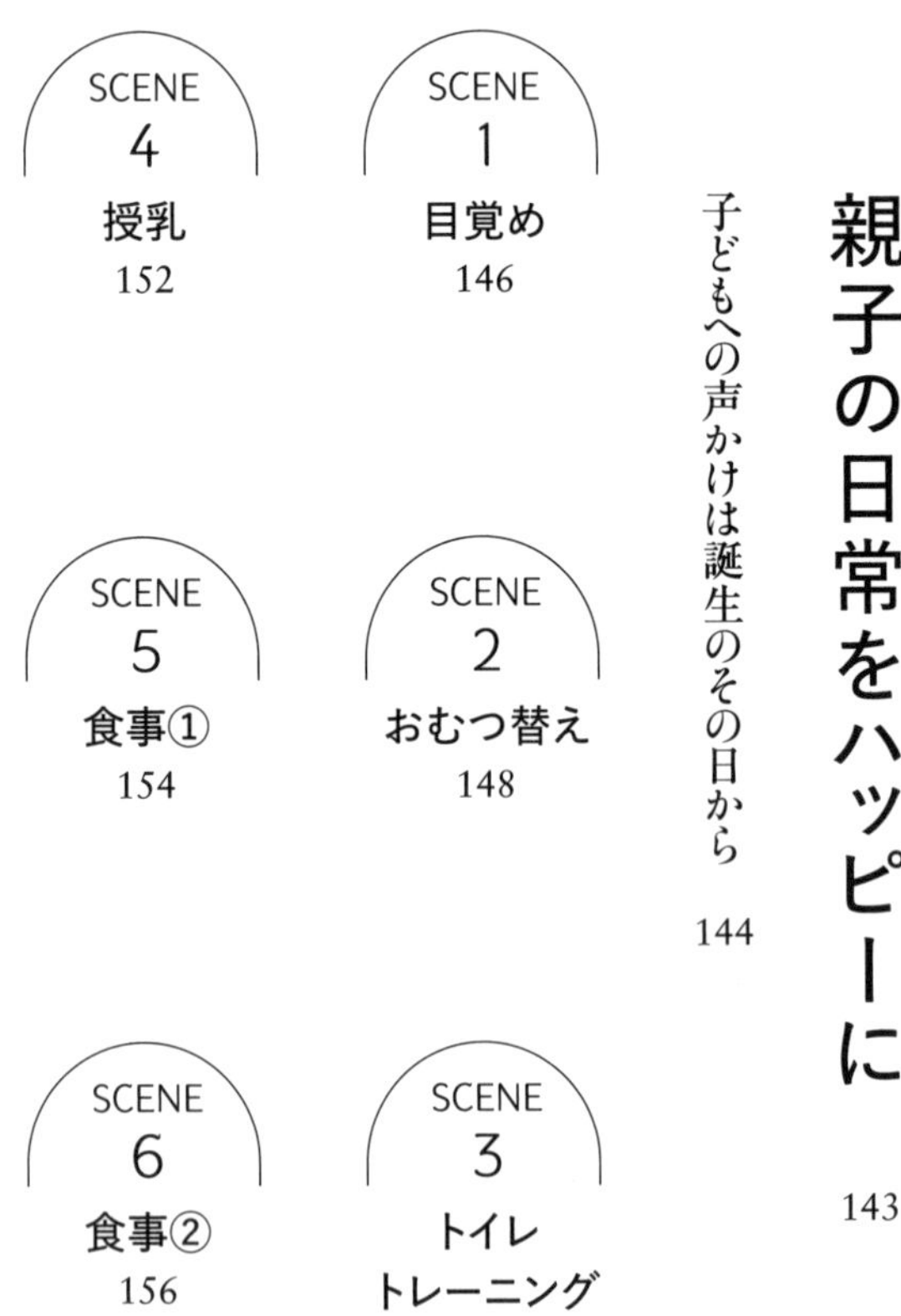

第5章

お母さん、お父さんの安定も大事です

幼児の発達段階を理解する

赤ちゃんは「放っておけない」存在として生まれます

この本を手に取ってくださった方の多くは、子育てをスタートしたばかりの方ではないかと思います。生まれたばかりの赤ちゃんをはじめて抱いたとき、どのような印象をもちましたか?

ふにゃふにゃで頼りなく、こんなに弱くて大丈夫なの? と心配になった方もいるでしょう。

親がわが子に対しそのように感じるのは、実はとてもよいことです。人間の赤ちゃんは周りの大人に「放っておけない」と感じさせ、一生懸命にお世話をしてもらうように生まれてきます。

動物は種によって生まれ方、育ち方に特徴があります。すべての動物の赤ちゃんが人間の赤ちゃんほど弱々しいわけではなく、馬のように生まれてほどなく立ち上がる動物もいます。成長スピードも様々で、たとえば犬は1年程度で成犬になります。ヒトの場合は弱々しく生まれ、ゆっくりゆっくり成長する中で、言葉を覚え、社会性が育っていくようにできています。

生まれたばかりの子どもはひとりでは何もできません。自分だけでできることは泣くことくらいです。自分で移動もできず、もちろんお話もできません。ミルクが欲しくても、おむつが濡れても泣くだけなので、はじめのうち親は「どうしたらいいの?」「何が欲しいの?」と戸惑ってしまいます。

親が戸惑うのも自然なことで、悪いことではありません。戸惑う経験を繰り返すうちに、親は子どもの泣き方に違いがあることに気づいたり、パターンがあることを発見したりします。赤ちゃんは親の観察力を自然にスキルアップさせているのです。

生まれたばかりの赤ちゃんと親のこのようなやりとりは、基本的には太古の時代につちかわれたものです。文化の違いもさほど関係なく、どこの国でも似たような光景が見られます。

子どもの心は大人の心とかなり異なります

心と身体は2つか1つかという議論は古くからあり、別のものと考える「心身二元論」、1つのものとする「心身一如（いちにょ）」など、どこかで聞いたことがあるかもしれません。これらはいずれも哲学的なとらえ方ですね。

一方科学の発展から見たら、心の一部である認知や、思考をつかさどる脳や感覚的な情報のネットワークである神経も「身体」の一部なので、心身は分けがたいというのが本当のところだと思います。

大人の身体と心は一応成熟しています（未熟なところもあるかもしれませんが）。

一方、子どもは身体が未成熟であるのと同じように、心も未成熟です。アニメでは大人のようにしゃべる赤ちゃんが出てきたりしますが、現実の赤ちゃんはもちろんしゃべれません。感覚もごく限られています。

マイケル・ルイスをはじめ多くの発達心理学者は、生まれたばかりの赤ちゃんが感じられるのは、「快／不快（苦痛）」だけと考えています（「興味」も生まれたときにすでにあるという説もあります）。

赤ちゃんに快／不快を感じさせる刺激には、満腹／空腹のように身体の内側からのものと、皮膚で触れて感じる外側からのものがあります。

触覚は聴覚・視覚よりも早く発達し、生まれたばかりの赤ちゃんでも皮膚に触れたものが心地よいかそうでないかを感じることができます。とくに口の周りの感覚がすぐれていて、手で触れたものの形を理解できないうちから、哺乳瓶の乳首の形の違いを区別できます。

しかし赤ちゃんは快／不快の体験を長く記憶することができません。忘れっぽいのです。これは「幼児期健忘」といわれます。すぐ忘れてしまう理由は、脳と神経ネットワークが十分に発達していないことや、思い出すときの手がかりとなる言葉（いつ・どこで・どんな・だれが、など）をもたないなど、記憶に必要な機能の未熟さによると考えられています。

ここで一般的な発達のマイルストーン（成長過程）について触れながら、6か月から2歳くらいまでの成長の流れを見てみます。あなたの子どもとは「ちょっと違うかも」と気になるところがあるかもしれませんが、発達には個人差がかなりあるので、まずは目安として読み進めていただけるとうれしいです。

身体の成長とともに視覚、聴覚、味覚などの知覚も発達し、子どもは生後半年ぐらいまでの間に興味、喜び、怒り、悲しみ、怖れ、驚きといった基本的な感情をもつようになるといわれています。生後9か月頃には自分という存在を意識できるようになり、1歳のお誕生日の頃には自分と向き合っている人に、つたないながら言葉で呼びかけることもできるようになります。「ママ」「パパ」

と呼ばれたら、それはそれは感激しますよね。

1歳半頃から2歳頃までには、鏡を見て自分であることがわかり、他人をうらやましいと感じ、失敗を恥ずかしがることもできるようになります。また、同じ時期から自分がやったことを親が喜ぶと「ぼくがやった」と誇らしそうに言うようになってきます。

この頃になると、会話も上手になり、親が言うことをかなり理解できるようになります。しかし、2歳以下では論理的な思考はまだ難しく、物事を予測することや自分の気持ちを他人に伝えることなど、苦手なことがたくさんあります。他人と自分を比較することもまだできません。よいこと、悪いことの判断もあいまいなことがほとんどで、自分からTPOに合わせた行動をとることはもちろんできません。

子どもの行動パターンの形成には親の行動パターンの影響が大きく、この段階では日常のあれこれを周りの大人のまねをしながら覚えている途中です。親や養育者の行動がお手本としてよいかどうかは関係ありません。親は早いうちからわが子とよその子と比較して「うちの子は大丈夫？」と思ったりしますが、子どもが「うちの親は大丈夫？」と親を批判的に見るようになるのは思春期が近くなってからです。

年齢の目安	発達のゴール	
誕生～ 3か月頃	世界のあらゆる感覚に興味をもつことと落ち着くこと	Stage 1
2か月頃～ 10か月頃	愛情を感じるようになる	Stage 2
3か月頃～ 10か月頃	他者と相互コミュニケーションがとれるようになる	Stage 3
9か月頃～ 1歳半頃	問題の解決方法を学び、自我を発見できるようになる	Stage 4
1歳 4か月頃～ 3歳頃	アイディアを生み出せるようになる	Stage 5

CDC'sDevelopmentalMilestones
from https://www.cdc.gov/ncbddd/actearly/milestones/index.html

子どもの感情とコミュニケーションスキルの発達

子どもに起きること

・愛のある養育者からの慰めや癒やしを受け入れ、
おだやかに過ごす方法を学ぶ。
・安心して自分の周りの世界に興味をもつことを学ぶ。
・感覚から得られる情報を統合しようとする

・自分以外の人（両親など）やものに注目するようになる。
・自分の感情をアクションで表現する（笑顔やしかめつら　など）。
・他の人と一緒にいることを喜ぶ。

・コミュニケーションのために意図的に表情や行動、
音で何かを伝えようとする。
・他者の言葉、表情、行動などに反応を示す。
・自分の身振りや音出しなどで、養育者が自分の要求に
応えてくれることに気づく。

・ブロックを積み上げて塔にするにはどうしたらよいか、
など問題解決のやり方を学んでいく。
・言葉、身振りなどを用いて、より複雑な方法で
コミュニケーションがとれるようになる。
・両親・養育者との関わり合いや経験を通し、
他者に何が期待できるかを学んでいく。
・自我が発達していく。

・絵と言葉を結びつけられる。
・他者に要求を伝える手段として言葉を使うことができるようになる。
・ごっこ遊びができるようになる。
・自分の気持ちに気づき、他者に気持ちを伝えることを学んでいく。
・他者の気持ちを理解することを学んでいく。

親が気にする行動の多くは発達的に妥当なもの

子どもの発達の過程については、母子手帳をはじめ、さまざまな情報で調べることができます。それでも親はしばしば自分の子どもの発達が遅れているのではないかと心配してしまいます。月齢から見てできなくて当然なことを「うちの子はどうしてできないのだろう?」と悩んでいるケースもよくあります。

インターネットの情報があふれている現代では、SNSなどの口コミで不安になってしまう親も少なくありません。

自閉スペクトラム症やアスペルガー症候群、注意欠如多動症(ADHD)といった発達障害のことが広く知られるようになってからは、「うちの子は発達障害かも?」と心配する親はとても増えました。「子どもが目を合わせてくれない」「指さしをしない」といったことも月数によりけりなところもあります。
いくつか具体的な質問に答えてみましょう。

Question

1

もうすぐ1歳です。「おもちゃを箱に片付けて」と言うと、箱に投げつけます。

A

「おもちゃを箱に片付けて」というお母さんの指示が理解できていて、おりこうさんですね。投げるのは確かに困りますが、「箱に入れる」ことは親に言われた通りにできているわけです。まずは、「すぐにお片付けができるってすごいね」「言うことをきいてくれてありがとう」とほめてあげましょう。

1歳前後の赤ちゃんはまだ重力を理解していませんし、危ないことを予測する能力も十分ではないので、手に持ったものをなんでもかんでも「壊れる」危険性を理解しないまま投げてしまうことがあります。そこが理解できていない子どもに、慌てて「投げないで！」「壊れるよ！」と叫んでも残念ながら伝わりません。

そんなときは、「お片付けのときは、そっと置くんだよ」と言葉で教え、親がお手本を見せてあげると効果的です。親がモデルを示しながら箱にていねいに片付けることを毎日一緒にやっていれば、そのうち子どもは親のまねをするようになり、おもちゃをそっと箱の中に入れるようになります。最初は時間がかかりますが、親がひとりで片付けるのではなく、お手本を見せながら手助けして、子どもにお片付けを手ほどきするのが大切です。

Question

2

1歳5か月です。児童館のおもちゃを使っているとき、他の子どもに貸してあげることができず、困ります。

A

自分が楽しく使っているものを他人に譲るのは、①他人の気持ちを推測する（他人の様子から「これを使いたいんだな」とわかる）、②協調の大切さを理解する（「玩具のことでけんかをするより、譲ってなかよくしたほうがいい」とわかる）、③よい行いをする自分を誇らしく思う、といった心の働きがすべて備わっている状態になってできることです。

1歳5か月の子どもはそのレベルに達していないのがふつうです。3〜4歳になると自分から譲れるようになる子もいますが、まだまだ苦手な子はいます。たとえば、あなたのママ友の子どもが同じ1歳5か月でおもちゃをお友だちに譲れるとしたら、それはもう、本当にすごいことなのです。

いつもトラブルになって困るようだったら、危ないと感じたときに別のおもちゃを見せて子どもの関心をそちらに引くといった方法もあります。音や光が出るおもちゃだと、幼い子どもはそちらのほうが気になって前のおもちゃを忘れることができるかもしれません。

Question

3

生後3か月です。うちの子はよその子よりも泣く回数が多く、泣き方も激しいように思います。精神的に何か問題があるのでしょうか。

A

生まれてから3か月くらいまでの赤ちゃんが泣く原因は、悲しいという心理的なものより、何らかの不快さを生理的に感じていることが多いです。おしっこ、うんち、おなかがすいた、のほか、室温、かゆみ、痛み、明るさ、鼻づまり、眠気なども不快の原因になります。夕方や夜になると特に理由もなく泣く子もいます（黄昏泣き、夜泣き）。いつ、どんなときに泣くことが多いのか、改めてリサーチしてみるのも一つの方法です。うとうとしているときにテレビをつけると小さな音でも泣き出すみたい、など、理由がわかると対処しやすくなります。

赤ちゃんの〝泣き〟は、こっちを見て！ ぼく／私のお世話をして！ という合図のようなもの。最初はキャッチしにくいところがあり、戸惑ううちに救急車やパトカーなみのサイレンになってしまうかもしれませんが、子どもリサーチが進むと、親は少しずつ〝泣き〟のサイレンを出す前の小さな合図も読み取れるようになり、そうすると大事になる前に対処できるようになっていきます。

でも、黄昏泣きのように、研究しても理由がわからないこともしばしばあります。だから、この時期の赤ちゃんの泣きを精神的な問題とまで考えて悩む必要はありません。とはいえ、赤ちゃんの気持ちに寄り添うのは今後の成長を考えてもとても大切ですから、理由がわからなくても「そうか、何か嫌なんだね

〜」と赤ちゃんの感情を言葉にして伝えてみてください。もう少し月齢が進むと、今度は親の注意を引きたくて泣くことが始まります。赤ちゃんの成長って早いですね。

「よその子よりも泣き方が激しい」。そういうこともあるかもしれません。泣き方にも個人差があり、大きな声で泣くことができる子どもは、たとえば生きるエネルギーにあふれた子どもだといえるかもしれません。親の方が負けそうな気分になるのも無理はありません。

Question

4

1歳半ですが、ささいなことでギャン泣きをします。わがままな性格の子なのでしょうか？

A

「かんしゃく」って本当に困りますよね。月齢年齢によってかんしゃくに通じるさまざまな理由とルートがありますが、1～2歳児が「かんしゃく」を起こすのは、親への抗議というより、おおむね「うまくいかないこと」に対する感情のコントロールが未熟（上手にできない）であるためです。「イヤだ～！」などと大泣きをされると、我の強い子のように見えますが、これも同じ。本当はモヤモヤした自分の気持ちを説明したいのに、上手にできないので困って泣いてしまうのです。

ＰＣＩＴトドラーでは、かんしゃくへの対応について「ＣＡＲＥＳ（ケアズ）」という方法をすすめています。（→ｐ１１２）また、「かんしゃく」という言葉の響きには若干ネガティブなニュアンスもありますから、言葉の感じに巻き込まれないように、ＰＣＩＴトドラーでは「強い感情」（ビッグ・エモーション）という中立的な表現に言いかえています。

以上の４つの質問の心配ごとは、実は「問題行動」というより発達年齢に見合った行動によるものでした。安心した方もいるのではないでしょうか。

ちょうどインターネットが一般的なものになってきた時代に、私は子育ての真っ最中でした。インターネットは、家にいても、ごく短い時間でも、多くの情報を得ることができますから、とにかく重宝し頼りにしていました。今子育て中の皆さんもそうなのではないかと思います。

私の時代と違うのは、とにかく情報が膨大になったことです。顧客を得るためにキャッチーで大げさな表現になっていることもしばしばで、情報を選んだり、読み解く力も必要になってきました。ですから、この本では基本的で正確な情報を意識しました。

産後の母親はホルモンのバランスや育児のストレス、疲労などからうつになりやすく、うつ状態になると、さらにわが子のささいな行動に不安になり、自分が至らないせいだと悩んだりしがちです。夫や親族とうまくいかない、ひとり親で経済的にもつらいなど、家庭環境に不安を抱えているのも、産後うつのリスクになります。この本が情報整理に役立つとうれしいと思います。

親は自分の不安や体験を子どもの気持ちに映します

ＰＣＩＴトドラーの治療セッションでは、はじめに親子だけで遊んでもらって、セラピストはその様子を観察します（オンラインで行うこともあります）。親子の交流にはいろいろなパターンがありますが、わりとよくあるのが親が自分の感情を子どもの感情にそのまま映して、不安になってしまうパターンです。

たとえば、思春期に摂食障害で苦しんだ経験のあるお母さんは、子どもが離乳食を食べず、体重が増えないことをすごく気にしていました。食事の様子を見せてもらうと、食べさせることに気合が入りすぎていて状況の設定にいくつかの無理があっただけだったのですが、本人は「子どもはどこか体が弱く、食が細いのに加えて偏食が多いから食べないのだろう」と思い込んでおり、「私は子どもが満足する食事がつくれない」と自分を責め、さらに「子どもに何か発達障害があるから好き嫌いが多いのでは」と大きな不安を感じていました。かつて自分が苦しんだ「食事」に対する不安感が「食べない子ども」の問題をより膨らませて、深刻になってしまっている様子が見て取れました。

また、ある自責感の強い母親は、子どもが激しく泣いたり、不機嫌な態度をとると、自分への抗議・抵抗であるととらえ、「私がダメな母親だから」と悩んでいました。でも、彼女の子どもは1歳で、まだ認知能力も十分でなければ、親に抵抗するほど複雑な感情はもてません。単におなかがすいている、眠いなどの不快感から不機嫌な態度をとっているだけのことが多いのです。

親に不安が強くて子どもの心を読みすぎてしまう、あるいは自分の感情を子どもの感情にそのままあてはめてしまうと、親が一生懸命に「子どものため」とがんばっても、子どもの欲求とは残念ながらすれ違ってしまい、その結果、子どもの要求は満たされにくくなることがあります。そして子どもの不機嫌がエスカレートすることで、親も不安がよりいっそう強くなります。親と子の「並行プロセス」と呼ばれる状態です。「並行プロセス」はよい循環のときも起こります。親が安定した状態で子どもと楽しく接すると、子どもも安定して楽しくなります。そして、子どもが楽しくなると親もまた楽しくなる。「並行プロセス」は相互的に起きるものなのです。

日中親子ふたりだけで過ごす時間がどうしても長くなる赤ちゃん時代は、親子の間に小さなつまずきが蓄積し、気が付いたら大きな悪循環になってしまうことがしばしばあります。子育てはみんな初心者マークで始まります。「なんだかうまくいかないな…」と感じることがあったら、まずは言葉にして他の人に話を聞いてもらいましょう。話すうちに悩んでいるポイントが整理でき、それだけで少し気持ちが変わるかもしれません。児童館や市区町村の育児相談窓口などを利用して、小さなことでもどんどん相談しましょう。

小さな子どもの言葉と心は周囲との交流から育つ

子どもの「育ち」と親の「育て」のかけ算で子どもの「今」が生まれる

昔は、裕福な家に生まれ礼儀正しい子どもを「あの子はお育ちがいいから」と言うことがありました。「育ち」というのはその子の特性や家の経済的状況など「持って生まれたもの」に対して使われやすい、一般的には努力では変えにくいものです。

この本が伝えたいのは、変えようと思えば変えられる親の「育て」の話です。「育て」が変わることで、子どもの伸びしろは大きく変わる可能性があります。

もちろん「育ち」と「育て」は簡単には分けにくく、どっちがどっちだかわからないこともよくあります。

「育ち」と「育て」のかけ算が最も結果にあらわれやすいものという観点から、ここでは「言葉の発達」「アタッチメント（愛着）の形成」「子育てスタイル」をテーマにお話をしたいと思います。

子どもには生まれたときから言葉かけを

子どもの心を育てるために、バツグンの効果をもつものの一つに「言葉」があります。

ほとんどの子どもには生まれたときから言語能力が備わっています。しかし、最初は言葉を一切知りません。にもかかわらず生後2、3か月で「くー」「うー」という音を発しはじめ、半年頃で「あばば」など言葉っぽい音を発声するようになります（喃語〈なんご〉）。そして目安としては1歳頃に「ママ」「パパ」などの言葉を発するようになります。

簡単な言葉を理解する動物はいますが、話せるようになるのは今のところヒトだけの能力といわれています。

しかし、言語能力は社会的なもので、言葉をかけてくれる人たちがいないと開花できません。それを証明したのが、野生動物に育てられた子どもや、幽閉されていた子どもなど、言葉に触れない環境で育った子どもたちでした。彼らは11～12歳で発見されているのですが、はじめは言葉をまったく理解できなかったそうです。

発見後、研究者たちは彼らになんとかして言葉を教えようとしたものの、あまり成功していません。生後の早い段階で言葉に出合い、言葉に触れ続けていないと、言語能力は十分に育たないのだろうと考えられています。

大半の場合、子どもは周りの人とのやりとりの中で言葉を覚えていきます。とくに大切なのは、ふだんお世話をする人からの言葉かけです。「ママだよー」「パパだよー」に始まる赤ちゃんへの声かけは子どもの言語能力の開花をうながします。

やがて「これはスプーン」「ワンワンよ」など耳で聞いた言葉が、絵に描かれたスプーンや犬にも結びつけられ、モノと名前が一致するようになります。

モノに名前をあてはめることを「ラベリング」といいますが、大人の私たちはこれを心の中の気持ちや感情にも行っています。たとえば、「悲しい」「うれしい」「楽しい」「つらい」「くやしい」「さびしい」「待ち遠しい」などの言葉を自分の気持ちにあてはめています。ＰＣＩＴトドラーでは、子どもが自分の感情を理解し、コントロールできるようになるうえで、こうした気持ちをあらわす言葉にたくさん触れさせることが大事だと考えています。

感情の名前を知ることで、人間は自分が感じていることを自分自身で把握することができるようになります。そしてもちろん、周りの人に自分が感じていることをその通りに伝えることも可能になります。

子どもはしばしばかんしゃくを起こしますが、多くの場合、それは自分の気持ちをどう表現したらよいかわからず、困ってしまって気持ちがあふれているためです。逆に言えばその子が自分の気持ちを表現する言葉をもっていれば人に伝えることができ、かんしゃくには至らない可能性が高いのです。

気持ちをあらわす言葉は、単にその言葉を聞くだけではなく、自身の体験をともなうことによって心に残ります。たとえば親子が遊んでいるときに、子どもが感じていると思われることを親が言葉にすることで、感情と言葉は結びついていきます。たとえば、子どもがうれしそうにしているときに「うれしいね」、悲しい顔のときに「悲しそうだね」と、感情をラベリングします。

感情表現のお手本になるように、親自身が自分の感情やどういう状態なのかを子どもにわかりやすい言葉で伝えるのはとても有効です。「今日は空がよく晴れて気持ちがいいなあ」「暑くてのどがかわいたな」といったふつうのことでいいのです。

親が感情の言葉を積極的に使うと、子どもも自分の感情をより意識するようになります。また、親も自分の気持ちを表現しながら、「この子も今同じ気持ちかな？」「どんな気持ちかな？」と考える機会も増え、子どもの気持ちや要求により敏感になります。

また、一緒に何かを楽しんだり、同じものをきれいだと感じたりする経験は、人と人との関係をよくする機能があるといわれます。子どもと一緒にいるときに「気持ちいい」「楽しい」「うれしい」と感じたときに親が言葉にしてあげると、言葉を定着させるだけでなく、親子の結びつきを強くする効果もあるでしょう。

アタッチメント行動はヒトとしての本能です

「アタッチメント」という言葉をどこかで聞いたことがあるかもしれません。英語のattachmentの意味は、接着すること、くっつけること。電子メールの添付書類や、電気製品の付属品など、さまざまなattachmentがあります。児童心理学や児童精神医学では、子どもが世話をしてくれる人に抱きついたり、あとを追いかけたりして、身体的な接触を図ろうとしたり、泣いたり笑ったりしてその人の関心を引こうとする行動をアタッチメント行動と呼びます。

児童心理学の専門用語としてのアタッチメントは、日本では一般に「愛着」と訳されていますが、日本の「愛着」では愛という感情が強調されすぎるように感じるので、私は「愛着」という言葉を避け、「アタッチメント」を使っています。

アタッチメント行動は本能的で、ヒトとして生まれながらに備わっている機能です。赤ちゃんは生存戦略として身近な大人にはりつき、その人に世話をしてもらいます。身近な大人が血のつながる親とは限りません。親以外でも自分の世話をしてくれる人であれば老若男女を問わず、アタッチメントを形成することがわかっています。その理由は、親が万一亡くなったときにも無事に生き残れるようにするためでしょう。

現代の日本では実の親に育てられることが一般的ですが、世界を見渡すと里親に育てられる子どもは少なくないですし、発展途上にある国では出産で多くの母親が亡くなってしまうこともあります。世界的にも親以外の大人が子どもの世話をすることは珍しくありません。親であるかどうかにはかかわらず、特定の誰かとのお世話をする・される関係が、子どもにとって人間関係の基本になるのです。

生後まもない子どもは生存欲求がとても強く、お世話をしてくれる人に泣いて訴えることが自分の要求を叶える方法であることをすぐに学びます。たとえば、おなかがすく→泣く→ミルク→眠くなる→泣く→寝かしつけ、というように、要求にすばやく反応してもらえる場合は、お世話をしてくれる人が親ではなくても命の危険なく生きていけます。

また、生後2〜3か月が過ぎ、自分から笑顔をつくれるようになると、子どもは自分に向けられた笑顔に笑顔で返すと相手がさらに笑顔を返してくれることを学びます。赤ちゃんの脳はまだ認知（思考）能力は十分でありませんが、観察力にはたけていて、パターン認識の力はとてもすぐれているのです。

こうしたやりとりに一貫性があることは、子どもにとって大きな意味があります。「こうしたら、こうなる」というパターンから、子どもはお世話をしてくれる人にどういう風に接するべきかを学んでいます。また、やりとりが安定していることで、子どもはその人への信頼感を強くします。

生後半年ほどになると、いつもお世話をしてくれる人と他の人に対する子どもの態度が明らかに違ってきます。お世話をしてくれる人にはくっつきたがり、あとを追ったりもします（アタッチメント行動）。また、その人が見えないと不安そうな表情になり、知らない人には人見知りをします。この頃、子どもはお世話をしてくれる人の笑顔に「自分は受け入れられている」と感じ、その人からの抱っこやタッチには「気持ちいい」と感じる以上の、特別な安らぎを感じるようになっていきます。

やがてハイハイで動けるようになると、子どもはあちこち移動して興味のあるものを手に取ったり、なめたりといった探索活動を行います。これによって五感が刺激され、知覚や身体的機能の発達がうながされます。

こうした探索活動は本人にとってすべてが冒険です。実際、ものに頭をぶつけたり、転んだり、痛い経験もしばしばしています。でも、見守ってくれる人が安全基地として存在しているのがわかっているので、安心して自分から動くことができるのです。これが自立のめばえとなります。

安全基地への信頼が強いほど、子どもは安心して探索活動に集中できます。おかげで身体的機能の発達にもよい影響があらわれます。

アタッチメントの4タイプ

残念ながら、世の中には特定の誰かと強い結びつきをつくりあげることができないまま幼少期を過ごしてしまう子どももいます。そもそもアタッチメント理論が生まれたきっかけは、精神科医ジョン・ボウルビィが第二次世界大戦後、戦争で親を失い養護施設に預けられていた子どもたちの特徴的な行動に着目したことでした。その行動とは、知らない人に人見知りしないでべたべた接する、逆に他人に心を開かないで閉じこもるなどです（現代の児童福祉施設ではアタッチメントを意識して、幼い入所者と保育担当者が1対1の結びつきをつくることを心がけています）。

一方、親のもとで育てられている子どもなら、親子の間にしっかりとしたアタッチメントができあがるかというと、そうとも限りません。子どもがミルクを求めて泣いても「うるさい」と無視することが多いなど、子どもの欲求を満たそうとする態度に欠ける養育者のもとで育つ子どもは、「求める→満たされる」というパターンを確立できないまま成長していきます。

あるいは、親に「楽しいね」と言われながら叩かれ、恐怖や不快な感情を抱くような経験を重ねている子どもは、言葉と感情の不一致に混乱させられていきます。そして、言葉→理解→感情→行動というサイクルの形成がゆがみます。

このように、子どもの欲求に対する親の応答が不安定であったり不適切であったりしたとき、子どものアタッチメントは不安定なまま固まっていきます。

アメリカの発達心理学者メアリー・エインズワースは、部屋にいる親子を引き離したり、子どもと知らない人をふたりだけにしてみたときの反応を分析し、アタッチメントにいくつかのタイプがあることに気づきました。そのタイプの数を、エインズワースは3タイプとしていましたが、近年は主に4タイプとされています。1は安定型、2、3、4は不安定型です。なお、このアタッチメント研究の対象となったのは、12〜18か月の子どもとその母親です。

Attachment Type

1

安定型

親が見えなくなると子どもは不安そうにし、親が戻ると喜んで近づきます。不安なときは親にすがりつき、親を安全基地としています。親は子どもが泣いたり困っていたりすると、安心させようと抱っこし、困っている原因を取り除こうとします。

Attachment Type

2

不安定―回避型

子どもは親が消えても淡々としていて、知らない人と遊んだりできます。親が戻ったときにも反応は薄く、喜んだりしません。親には子どものアタッチメント行動を拒否するふるまいが見られ、ボディタッチや笑顔は少なめです。

Attachment Type
3

不安定──
アンビヴァレント型

親がいなくなると不安で混乱に陥り、親が戻ってくると抱きつきながら叩いたりします。親にべったりしているのを好み、離れて探索行動ができません。親の行動には一貫性がなく、気分次第で子どもの要求に反応したりしなかったりします。

Attachment Type
4

不安定─無秩序型

子どもの行動に一貫性がなく、不自然な行動が目立ちます。親に対しておびえているような態度をとり、むしろ見知らぬ人に近づこうとする場合があります。親は子どもに理解不能な態度を突然とることがあり、子どもをこわがらせたり、混乱させたりします。

赤ちゃんのアタッチメントのタイプは生まれたときから少しずつつくられ始め、1歳から1歳半くらいまでの間に型ができあがるといわれています。安定型のアタッチメントパターンをもつ子どもは、成人してからも安定した自律的な生活を送る可能性が高いとされています。一方、虐待を受けている子どもには4のタイプが多いことがわかっています。

4のタイプの子どもは落ち着きがなく、感情の起伏が激しかったり、逆に薄かったり、かんしゃく（強い感情）を起こしやすいなどの特徴が見られることが多く、幼稚園や小学校ではしばしばトラブルメーカーになります。将来的にはパーソナリティ障害や、トラウマ関連疾患その他の精神疾患に発展する可能性があることも指摘されています。こんな風に言うと、昔虐待を受けたことのある人はすごく心配になってしまうかもしれません。でも、そうかもと思った人も、もう少しがまんして先に読み進めていってください。

アタッチメントの安定は人生を安定させることに役立ちます

子ども時代のアタッチメントのタイプが、なぜ大人になっても影響を与えていくのでしょうか？　その理由については、人生のスタート地点で、生きるうえで一番大事な人とのやりとりの中でつくりあげたアタッチメントの型が、心の鋳型（テンプレート）の大きな部分を占めるため、ともいわれています。

さらに、親の心の鋳型によって子どものアタッチメントの型がつくられることから、世代間伝達機能があるとも考えられています。つまり、アタッチメントの安定した子どもは安定型の成人になり、親になれば安定型の子どもを育てる傾向が、不安定な型の子どもは不安定型の成人になりがちで、その子どもは不安定型になる傾向が見られるのです。

でも（ここが大事です）、就学前、とくに2歳以下の子どもはまだ何もかもが発展途上です。自分というものを意識することも、感情のラベリングもまだ始まったばかりです。

もしも今現在のアタッチメントのタイプが不安定であっても、立て直しをすることは十分可能です。ＰＣＩＴトドラーを活用して子どもとの相互交流を豊かに楽しみ、親の安全基地としての機能を高めていけば、親子とも変化していくことができます。

え？　親も変われるの？　と思う人もいるかもしれませんね。確かにＰＣＩＴが親のアタッチメントパターン（成人アタッチメント）まで変えるというエビデンスを出すまでにはまだ研究は進んでいません。

しかし臨床の現場では、親（養育者）も確かに安定してきたと思える場面に多々出合います。子どものパワーがすごいのか、相互交流のパワーなのか、いずれにしても、大人にも変わるチャンスはあるんだということを実感します。

また、安定型の親でも自分の育児に自信がもてない場面があると思います。そんなときにはPCITトドラーを活用して子どもに向き合い、子どもが何を求めているのかを見て、自分の気持ちを言葉で伝えてみてください。

リーダーシップのある親を目指す

子どもの要求に敏感な親であることと、子どもに甘い親であることは決してイコールではありません。子どもの要求は成長と発達に応じて変わっていくものなので、その変化に敏感であることも親には求められます。大変なことですね。

赤ちゃんだった子どもがおしゃべりできるようになり、親子のコミュニケーションが複雑になるにつれ、親の子育てのスタイル（ペアレンティング・スタイル）の個性がよりはっきりとあらわれてくるようになります。

ＰＣＩＴでは、アメリカの発達心理学者ダイアナ・バウムリンドが提唱した考え方をベースに、ペアレンティング・スタイルを大きく４つに分類しています。それは、子どもに対する親のあたたかみ（反応性）を縦軸に、子どもに対するしつけ（要求、制限）を横軸にした表の４つの領域で示されます。

バウムリンドは未就学児の明らかに異なるタイプの行動が、特定の種類の子育てととてもよく相関していることに気づき、この研究を開始したといわれています。

ペアレンティング・スタイルの分類

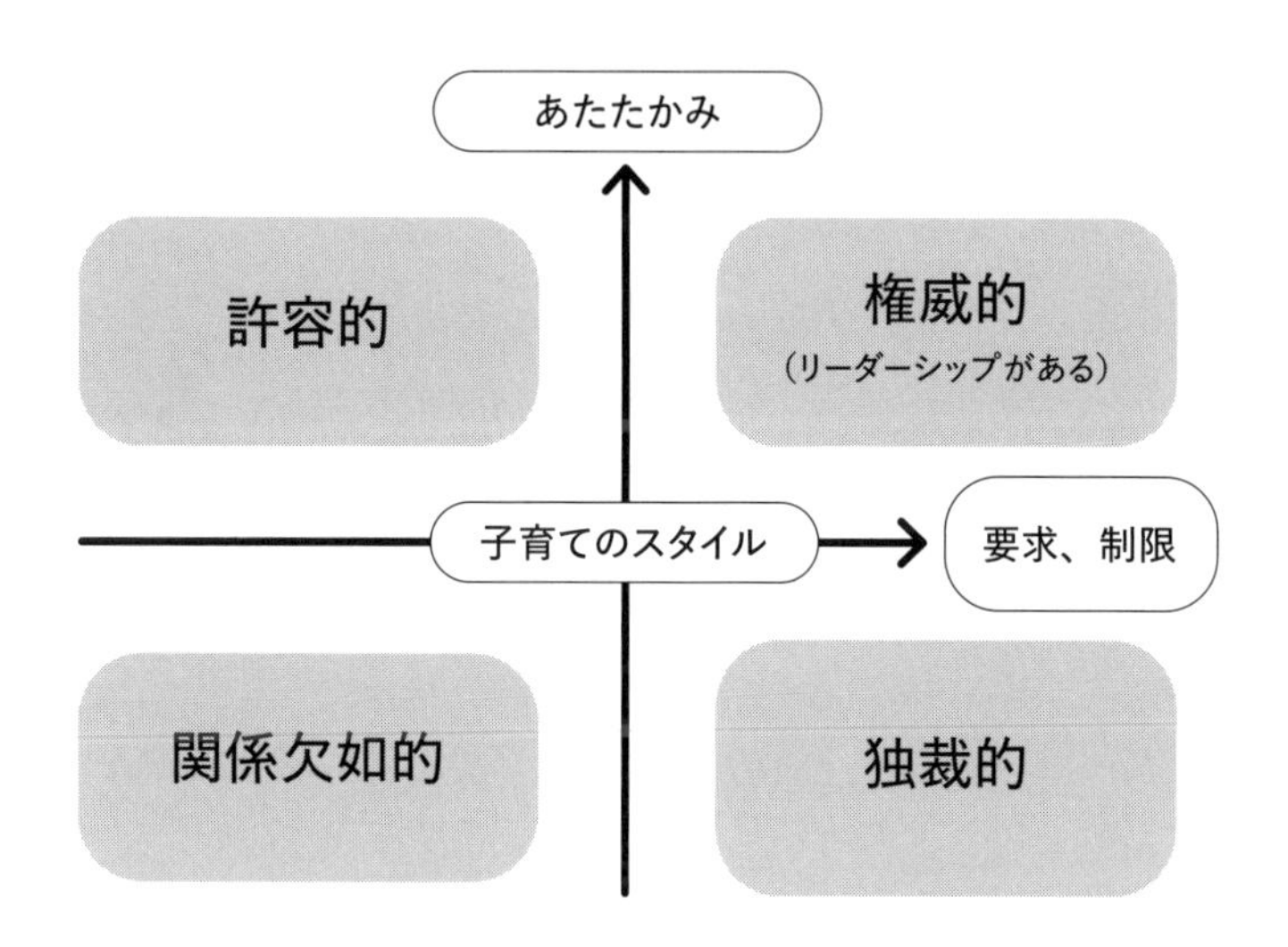

parenting style 1

許容的な親

子どもの要求に対する反応がよく、あたたかみのある親ですが、一方子どもにルールを守らせることが苦手という特徴をもっています。親子の間でルールをつくっても、一貫性をもってルールを守らせることができず、子どものルール違反をついつい許してしまいます。そのため子どもは社会でルールを守って生活するスキルを身につけるチャンスを逃しがちです。いわゆる「子どもに甘い親」のイメージに近いタイプといえます。

許容的な親のもとで育った子どもは、小さい頃こそ活発な元気ものですが、年齢が上がるにつれ自己中心的な行動が目立ったり、集団の中で協調的な態度をとるのが苦手になったりする傾向があります。成長後は、自分とは違う考え方を受け入れにくい、他者と協力し合って課題解決に取り組むべき場面で適切な行動がとれない、他者との深い関係がつくりにくいなどが心配されます。

親の特徴
あたたかみがある／ルールが少ない or ない／リミットが決められない

子どもの将来
反抗的・挑戦的になりやすい／継続性に欠ける／自己中心的／社会的スキルが乏しい

日本の漫画やアニメでは、おっちょこちょいの主人公の母親はおおむねこのタイプに該当します。『クレヨンしんちゃん』の母親みさえ、『ドラえもん』ののび太の母親、『ちびまる子ちゃん』のまる子の母親のいずれもこのタイプで、愛情豊かに子どもに接していますが、子どもへの対応はやや一貫性に欠け、問題解決を手伝うという姿勢があまり見られません。

たとえば、のび太の母親はひとり息子に愛情を注ぎ子育てをしていますが、のび太にルールを守らせることが苦手です。しばしば「勉強しなさい」と叱っていますが、指示が具体的でなくルール化にもあまり関心がありません。もし遊ぶ前に宿題を終わらせる習慣づくりを母親が手伝っていたら、のび太は自分から勉強ができる子になっていたかもしれません。

ただ、出木杉くんのような子どもが主人公では、何をやってもダメなのび太を助けるためにドラえもんが未来からやってきて豊かに成長していく、というストーリーが成り立ちません。のび太の母親が許容的な親であるのはストーリー的には必然性があるのですね。

parenting style 2

関係欠如的な親

子どもに対するあたたかみが少なく、子どもにあまり関わろうとしない親です。子どもに対して厳しい要求をすることも、口出しをすることもほとんどありません。食事や安全の面ではある程度は子どものニーズを満たすことができていますが、子どもが求めているスキンシップや言葉かけなども少なく、心の育児放棄（ネグレクト）といっていいような状態です。

このタイプの親は、一見ふつうに子育てしているように見えることも多いです。けれどもよく観察すると、子どもと視線を合わせることが少なかったり、よそよそしかったりします。

心のネグレクトの状態にある子どもは、感情をコントロールする方法や人間関係のつくり方、社会的ルールなどを親から学ぶ機会がありません。自分を守るスキルや人とおだやかに交流するスキルが十分に育っていないので集団生活では取り残されがちで、自分を出せないまま周囲に流されたり、対人関係のストレスにさらされ続けたりします。

子どもは衣食に困っているわけでもなく、一見おとなしく見えることも多いので、学校の先生や保育所の保育士もなかなか親子の問題に気づきにくいようです。

親の特徴

無責任／冷たい／規則がない／子育てに関与しない／無関心

子どもの将来

衝動的なふるまい／感情のコントロールが苦手／対人関係の混乱／自傷行為

アニメや漫画にはこのタイプの親はあまり重要な役割を与えられていないように見えます。主人公である子どもの活躍を手伝うことがなく、ストーリーの外に存在しているためでしょう。

私が疑いをもっているのは『ハウルの動く城』のソフィーのお母さんです。明るく快活にソフィーに話しかけたりしていますが、ちっとも関心はないように見えます。

parenting style 3

独裁的な親

子どもに対する要求や制限が強く、子どもの要求に対する反応性＝あたたかみは少ないタイプです。子どもの希望や要求には反応せず、一方でルールを守ることや言うことを聞かせることには厳しく、要求水準は高く、時には親への絶対服従を求める、支配優先のペアレンティングです。

このタイプの親は、自分の意見が正しいと思いがちで、自分の考えや価値観だけでものごとを判断することも多く、知らず知らずのうちに、間違った、過剰な、あるいはゆがんだ信念を子どもに押しつけるようになります。

独裁的な親は周囲の目には「しつけに厳しい親」「教育熱心な親」に映るかもしれません。厳しいしつけは、行きすぎてしまうと子どもへの過剰なコントロールや体罰を生み出すおそれがあります。虐待で子どもが死亡したり大けがを負ってしまったとき、逮捕された親が、よく「しつけのつもりだった」とその理由を述べているのを聞いたことがあるでしょう。このような事件が相次いだため、2020年4月、日本でも体罰は児童福祉法や児童虐待防止法（児童虐待の防止等に関する法律）で禁止され、しつけのつもりであっても体罰は許されないものになりました。

「教育虐待」という言葉も有名になりました。教育虐待とは、教育熱心すぎる親が過剰な期待を子どもに向けて、思い通りの結果が出ないと厳しく叱責したり罰したりしてしまうことをいいます。たとえ体罰には至らなくても、これも虐待の一つです。

独裁的な親のもとで育つと、思春期になったとき子どもはしばしば不安が強まり、フラストレーションに耐える力が乏しくなります。自尊心が下がる傾向もあり、引きこもりがちになる子もいます。一時的に学校でよい成績をあげることもありますが、多くは長続きしません。他人と関係が結べなかったり、自然なコミュニケーションをとるのに自信がもてなかったりもします。

親の特徴
子どもの希望や要求に応えない／ルールが厳しい／要求水準が高い／接する態度が冷たい

子どもの将来
不安を感じやすい／自尊心が低い／一時的に学校でよい成績を取ることもある／過剰適応／引きこもりがち

小学校までは独裁的な親に従う「いい子」であった子どもが、たとえば受験の失敗や学校でのつまずきなどをきっかけに、不登校・引きこもりに陥ったり、家で暴力をふるうようになったりするケースはあちこちで見かけます。

parenting style 4

リーダーシップのある親

あたたかみがあり、子どもの年齢や発達に見合った、適切な要求や制限をする親です。バウムリンドの分類では「権威的」ペアレンティングといわれています。日本だと「権威」はネガティブにとらえられることもあるので、ここでは「リーダーシップ」と言い換えています。

「リーダーシップ」という言葉でもビジネスやスポーツで使われることが多いので、親子関係に使うのはピンとこないかもしれません。しかし、親は家族というチームの中では重要なリーダーなのです。

サッカーの優秀な監督が選手ひとりひとりを尊重し、個性をピッチで発揮できるように導くのと同じで、リーダーシップのある親は子どもをひとりの人間として尊重し、子どもの自主性を伸ばしながら成長を支援します。その一方で、社会のルールや課題解決のやり方などを教え、社会で活躍するために必要なスキルを高めています。

親が適切にリーダーシップを発揮し、家庭内にわかりやすく受け入れやすいルールがつくられていると、子どもは親を信頼し、納得して言うことをきくことができます。また、ルールに従うことで他の人と協調できることを体験的に学んでいます。

子どもは親との安定した関係の中で、自己肯定感や社会的スキルを育みます。そのことが学校や社会で周囲の人たちと良好な人間関係をつくりながら、勉強や仕事に取り組む土台となります。

親の特徴
ルールがわかりやすく納得しやすい／一貫性がある／あたたかみがある

子どもの将来
自尊心が高い／感情のコントロールができる／対人関係のスキル・社会的スキルが高い

アニメの世界でこのタイプの親といえば、映画『魔女の宅急便』の主人公キキの両親、『となりのトトロ』のサツキとメイのお父さんが代表的です。あたたかみがあり反応性のよい交流は、見ていてほのぼのします。適切なルールを守り、子どもの判断を尊重します。

PCITで目指しているペアレンティング・スタイルは、このリーダーシップ（権威）のある子育てです。対人関係の基盤となるあたたかみを与えると同時に、社会で生きるために必要なスキルを教えることができる。そんなシンプルな親になるための近道がＰＣＩＴと言ってもいいでしょう。

第3章

1日5分だけ！

PCITトドラーで親子関係を安定させ、子どもの心のスキルを高める

心を育てる親子の遊び

子どもは生まれながらに好奇心をもっていて、音、光、感触など、さまざまな刺激に対して身体的機能の発達の程度にふさわしい反応をします。目が見えるようになると、目立つ色のものが動くのを目で追いかけます。指が動かせるようになると、手の届く場所にあるものに触ってみたり、口に入れたりするようになります。また、玩具の音を鳴らしたり、声を出してみたり、自分で聴覚的な刺激をつくって楽しんだりもします。

こうした何気ない遊びは、子どもの身体的な機能のさらなる発達をうながします。玩具をいじることで指が器用になっていき、気になるものに触れようと移動することでハイハイが上手になるなど、どんな遊びも子どもの発達に結びついていきます。さらに、親が「上手にできたねー」とほめてくれたり、「いないいないばあ」とおもしろいことをしてくれたりする中で、表情の意味を知るなど、コミュニケーションの基礎の基礎を学んでいます。

日本の「子どもをあやす」という言い方は、子どもが機嫌よくしていられるように遊んであげる、という意味で用いられる言葉かと思います。実際、小さい子どもは身近な大人、とくに親に遊んでもらうのが大好きです。でも親の反応が少ないと子どもの反応も少なくなっていきます。それに子どもは表情や表現を読み取るのがまだ十分ではないので、はっきりと生き生きとした表現や声のトーンでないとわかりにくいといったところもあります。親子の遊びでは、ちょっと大げさなくらいの笑顔やトーンを意識すると子どもの反応がよくなります。

子どもと遊んでいると、同じ遊びを繰り返してやりたがるので、ちょっとうんざりすることがあるかもしれません。けれども、このような遊びの繰り返しこそ、子どもの心の発達に必要な行動なのだといわれています。

子どもは遊びの中で何かに挑戦する練習をしています。一つの遊びができるようになったら、それを何度も繰り返すことでさらにできるようになって、成功体験を味わっています。ひとり遊びをしていても「できた」という喜びはありますが、親に「よくやったね！」とほめられると子どもはいっそう大きな自信を感じられ、喜びもまた大きいものになります。

遊び方の例
- 子守り歌などを歌いながら、手や足を軽くトントンする。
- 親が「パパ（ママ）だよー」と声をかけながら、顔を近づけたり、遠ざけたりする。

遊び方の例
- 赤ちゃん用の絵本を「これは○○だよ」などと解説しながら読んであげる。
- 声を出している口に手のひらを当てたり取ったりして、「アワワ」と声が変化するのを楽しむ。

遊び方の例
- 子どもの喃語をまねてみる。
- 音の鳴る玩具や段ボールなどを使って親子で音楽遊びをする。

遊び方の例
- 電話ごっこや、お料理ごっこなどの“ごっこ遊び”。
- 積み木を高く積むのを手伝う。
- やわらかいボールのやりとり。
- 親子でかくれんぼをする。

Make the Most of Playtime
from http://csefel.vanderbilt.edu/resources/family.html

一般的な遊びの発達の目安

0〜4か月

- ものや玩具よりも人の顔を好みます。
- 知っている声や顔のほうを向きます。
- 手を顔に近づけたり、口に入れたりして、自分の手で遊びます。

4〜7か月

- “いないいないばあ”を大人と楽しみます。
- 玩具を口に運びます。
- 指でものを拾うことができます。
- 玩具の鏡で自分の顔を見て楽しみます。
- 「パ、パ、パ」といった喃語を発します。
- 親の声のトーンで感情を識別します。

8〜12か月

- 「ウマウマ」など簡単な言葉のまねをします。
- 指さしやジェスチャーなどでコミュニケーションをとります。
- コップを口に当てるなど、ものを使った動作をまねします。

13〜24か月

- 積み木、ブロック、ボール、人形など、さまざまな玩具に興味を示し、楽しみます。
- 容器に水や砂、おもちゃなどを入れ、それを捨てることを楽しみます。
- 他の子どもたちが遊んでいるのを見て楽しみます（見て楽しむだけで、一緒に遊ぼうとはしないかもしれません）。
- 他の子どもと玩具を共有したり、取り換えっこをするのは、まだ苦手です。
- 玩具を他人に貸すことができても、すぐ返してほしくなるかもしれません。

5分集中して遊ぶだけ

ここからはPCITトドラーをふだんの育児に取り入れる方法をご紹介します。ベースとなるのは、治療としてPCITトドラーを実践するときに、親に必ずやってもらう家での「ホームセラピー練習」です。親が子どもに毎日家でプレイセラピーをするという意味で、そのように呼ばれています。

やり方は、1日5分、次の段取りで親子が1対1で遊ぶだけです。子どもが大好きな親子の遊びの時間を活用し、親は子どもへの声かけのコツを身につけ、子どもは親と遊びを楽しみながら親への信頼感を強くすることができます。そこで、PCITではこの5分を〈特別な時間〉と呼んでいます。

今の子育てにとくに不安がなくても、試しにやってみてください。子どもとカチッと合う瞬間がもっと増えるかもしれません。

〈特別な時間〉を始める前に…

①玩具を用意しましょう

遊ぶ場所に、子どもが自由に手に取れるように、いくつかの玩具を並べます。ふだん使っている知育玩具やブロック、電車や人形などでかまいません。玩具の中に、1つ、音や光が出るものがあると気持ちの切り替えのときに使えて便利です。汚れやすいものや壊れやすいものは後からお片付けが大変かもしれないので避けておいたほうが無難です。

遊びに集中できるように、テレビやラジオは消しておきましょう。

次の表は、おすすめの遊びや玩具の一覧です。これらの玩具を全部用意する必要はもちろんありません。玩具を用意する際の参考にしてください。

おすすめの遊びや玩具

重ねる、落としたり拾ったりする遊び

- プラスチックのボール
- バケツ重ね
- 輪投げ
- ソフトブロック
- ソフト積み木
- 型にはめる玩具

創造的な遊び

- クレヨンと紙
- 段ボールの空き箱
- 絵本
- パズル
- 歌
- 楽器

ごっこ遊び

ぬいぐるみ
電車のセット
人形遊びセット
おままごとのセット

運動のある遊び

歩行器
押したり引いたりする玩具
トンネルくぐり
乗り物／スクーター
ダンス

②子どものご機嫌をチェック

始める前に、おむつ交換や次の食事のタイミングなどについて改めて考えてみてください。これからの5分間、親子とも集中して遊べそうですか？　お昼寝は済んでいるでしょうか？　ちょっとおなかがすきそうな時間帯なら、始める前におやつとお茶で一息つくのがおすすめです。

そして始める前に深呼吸をしましょう。親の感情の安定はそのまま子どもに伝わります。親だって気持ちの切り替えは大切です。

親の気持ちが落ち着き、子どもも落ち着いた様子で、おむつやトイレにもとくに問題がなさそうなら、いよいよ始めましょう。

やってみましょう！

1 スタートを宣言

まずは、「○○ちゃんがママ／パパと一緒に遊ぶ時間だよ！」と子どもに伝えます。

2 タイマーを5分にセット

時計のアラームやスマホのタイマーを、5分後に鳴るようにセットします。

3 親子で遊ぶ

子どもにたくさん声をかけ、たくさんほめながら笑顔で一緒に遊びます。声のかけ方については、ちょっとしたコツがあります。〈PRIDEスキル〉のページ（→P100）でそのコツをご紹介します。

4 タイマーの合図で終了

タイマーが鳴る1～2分前に「もうすぐ〈特別な時間〉はおしまいだよ」と言ってあげると子どもは心の準備がしやすくなります。

タイマーが鳴ったら「今日の〈特別な時間〉は終わりです」と、子どもにも聞こえるように言います。子どものご機嫌がよかったら、お片付けの歌などを歌いながら一緒にお片付けしてもいいですね。

親と子どもが1対1で遊ぶことが大事なので、2人以上の子どもがいる家庭では、他の子どもが学校や幼稚園に行っている時間など、1対1になれるスキマ時間を見つけたほうがよいです。場所は自宅でなくてもかまいません。

両親で、あるいは祖父母とともに取り組みたい場合は、各自が1対1で5分の時間をとるようにします。家族が同じ部屋にいてもかまいません。静かに見守るようにしてください。1歳前だったら、きょうだいと一緒の状況でも大きな影響はありません。ただ、年子や双子など、どうしても1対1になるのが難しい場合は、2対1、3対1で大丈夫です。

子どもの体調が悪いときなどは無理してやる必要はありませんが、習慣づけをするために、なるべく毎日続けてください。

続けるうちに親は子どものよいところに気づき、ほめることが上手になります。また、子どもの側は「親は自分のことを見てくれている」「受け入れている」という信頼感を高め、親と遊ぶことがますます好きになり、安定したアタッチメントパターンがつくられていきます。

避けたい言い方〈DONT'スキル〉

〈特別な時間〉は、子どもが主役の時間です。よちよち危なっかしく歩いていたり、興味津々でいろんなものに手をのばしたり、手先がおぼつかなくてもたもたしていると、つい転ばぬ先の杖をついてしまいがち、先手を打ってしまいがちですが、ここは子どもにリードを取らせてのびのびと主体性を育てる姿勢が大事です。具体的には、①命令すること、②子どもに質問を投げかけること、③批判やダメ出しすることは、子どものリードを奪うので特別な時間の間だけは封印します。ものを投げるなど、危険な行動以外は、何かを禁止することも避けます。

①命令しない

一般に親は子どもに対して、直接的な命令と間接的な命令の両方をしばしば使います。

直接的な命令とは、「○○してください」「××しなさい」といったものです。これらは命令であることがわかりやすいと思います。

一方、間接的な命令とは、「○○してくれる？」「○○できる？」「一緒に〜しましょう」というものです。質問の形をしていることが多いですが、実際は何かをするよう子どもに求めています。

親からの命令が多いと、子どもは親との会話を楽しむことができなくなります。命令ばかりするマウント上司が部下に避けられるのと同じようなものです。でも命令をしないでどうやって生活するの？　と心配になりますね。大丈夫です。効果的な命令について後で学びます。

命令する

「一緒にお片付けできるかな？」

〈特別な時間〉ではお片付けはマストではありません。親がお片付けを始めたところを子どもが手伝ってくれた場合には、「お片付けを手伝ってくれてありがとう」と笑顔でほめましょう。

②質問はしない

「質問は問題ないのでは？」と思うかもしれませんが、親からの質問は、子どもの側に「答えなさい」という回答を求めるものなので、子ども中心の遊びをしている〈特別な時間〉には避けましょう。

「何をつくっているのかな？」「どこに行くの？」「どうするの？」「いつやるの？」といった、名前や場所、時間、方法を答えさせるタイプの質問、語尾の上がる問いかけもすべて5分間だけがまんしてください。語尾上がりの問いかけとは「このブロックで遊びたいのね？」「このボールが好きなの？」などが該当します。

✕ 質問する

「お人形にやさしくできて、
とてもいいね。
次はどのお人形にするのかな？」

お人形の扱い方をほめたのは、大変よかったです。質問はつい出てしまいますが、子どもがリードして遊ぶためにここは質問をさけます。

③否定・批判（ネガティブなコメント）をしない

「大丈夫！　私は子どもにネガティブなコメントはしていませんよ」と思うかもしれません。しかし、実際には「こんな簡単なことができないなんて」「あーあ、またトイレに失敗しちゃった」「ごはんを残しちゃダメじゃない」など、さまざまな子どもの失敗に対して親はあまり意識せずにネガティブな言葉をつぶやいています。言葉の意味を深く理解できない小さな子どもでも、こうしたネガティブなコメントにはそっと傷つくので用心が必要です。

子どもに対してはどんなシチュエーションでもネガティブなコメントを避けることが望まれますが、まずは〈特別な時間〉でネガティブな言葉を避ける習慣を身につけましょう。

× 否定的なコメントをする

「○○ちゃんが積み木をのせるのに失敗しました」

ちょっとユーモアのある実況中継をしたかったのですね。でもこれって実は批判なんです。

発達の足場をつくる〈PRIDEスキル〉

さあ、避けるスキル（DONTʼスキル）のあとは、いよいよ行うスキル（DOスキル）をご紹介しましょう。

親子で遊ぶ〈特別な時間〉での声のかけ方には、5つのスキルがあります。これを使うと、子どもは自分リードで遊び、「親は自分に注目している」と感じることができ、親は子どもに届きやすい言葉で交流することができます。

5つのスキルは、英語での頭文字からPRIDEスキルと呼ばれています。

Praise Behavior

子どもの行動をほめる

遊びながら子どもをどんどんほめます。ほめる理由は、ほんのささいなことでかまいません。ボタンを押して音を出すことも、積み木を重ねることも、ほめる対象になります。子どもの自己肯定感が上がりますし、ほめられた行動は増えていきます。

いつも当たり前にできていることでも、「こんなこともできるようになったなんて、子どもの成長は早いなぁ」という気持ちで積極的に。親を叩いたり、おもちゃを壊したりするなど、不適切なことでなければ、すべてほめるぐらいのつもりでいてください。

ほめるときは、具体的にほめます。「○○ができて、すごいねー」「○○してくれて、ありがとう」と、何を親がほめているのか子どもに伝わる言い方がおすすめです。

最初のうちは何か恥ずかしかったりして難しいかもしれませんが、慣れると子どもがやることを具体的にどんどんほめられるようになってきます。

拍手したり、やさしく背中をトントンしたりといった、ボディランゲージと組み合わせるのも、ほめられてうれしい気持ちを高めます。

△

子を見ているだけ

子どもが知育玩具で遊んでいる様子に無表情のパパ
（子どもが遊ぶのは当たり前だろ？）

◎

たくさんほめる

「（知育玩具で）ボタンを上手に押せたね」
「（電車遊びで）電車を上手につなげたね」
「（楽器で）とてもすてきな音だね、かっこいいね」

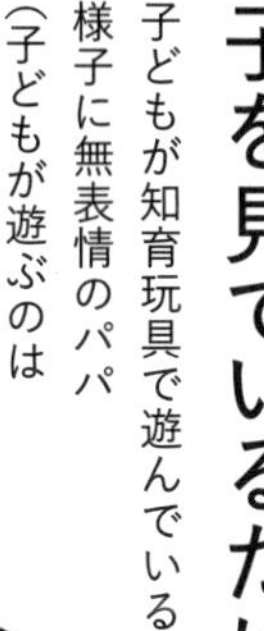

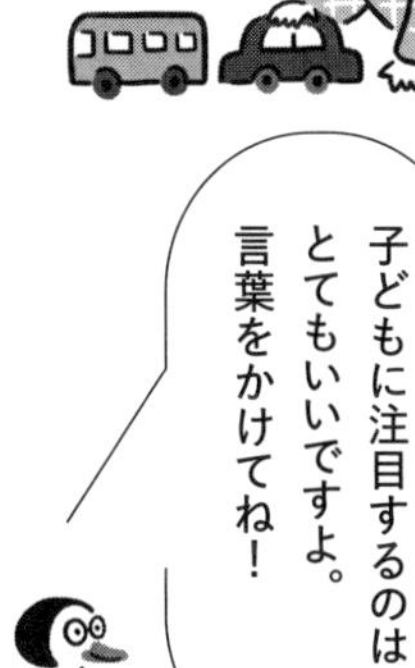

Reflect Speech

子どもの言ったことを繰り返す

子どもの言ったことを繰り返すと、子どもは親が自分の話を聞いていることを実感でき、うれしく感じます。自分の言葉を親に受け止めてもらえることで、子どもは自分に自信をつけます。繰り返す言葉は、「ぶーんぶーん」のような擬音語でもかまいません。

子どもが言葉を間違えていたり、「てにをは」の間違いが気になるときは、繰り返す際にさりげなく正しい日本語に修正します。こうした言葉のやりとりの中で、子どもは語彙を増やし、正しい言葉の使い方を覚えていきます。

子どもが間違った言葉を得意げに使っていると、大人はかわいらしく思い、「違うよ、○○だよ」と笑ってしまいがちですが、子どもはがっかりするかもしれません。違いを指摘せず、さりげなく修正するだけにしましょう。

△ 子どもの言葉が耳に入らない

子ども「できたー」
ママ　メールを読んでいて
子どもの声を聞いていない

一緒にいるのは
とてもよいです。
目や耳も子にむけます。

◎ 子どもの話をそのまま繰り返す

子ども「赤、ない」
ママ　「赤いクレヨンがないね」
子ども「おうち、できた」
ママ　「おうちができたね。
すてきなおうちだね」

上手に繰り返し
ができています！

子どもの遊びをまねる

Imitate Play

この5分間は親はわが子のまねをできるだけ積極的にしてみましょう！

たとえば子どもがハイハイしたら、親もハイハイするなど、子どもの動きをちょっと大げさにまねます。子どものまねをしてみると子どもがどんなことに興味を持っているのか、そしてどんなことができて、どんなことができないのかもよくわかり、遊び方がもっと上手になります。

そして子どもも親の行動や交流から他の子どもとの遊び方を学びます。お互いにまねしあう（モデリング）のは楽しいですし、よい交流の循環が生まれます。

◎ 子どものまねをする

子どもが知育玩具の穴に落とす遊びを始めた

↓「〇〇ちゃんは上手に落としたね。パパもやってみるよ」と、親も別の穴に落とす

子がブロック遊びを始めた

↓「〇〇ちゃんはブロックを上手に2つ重ねました。ママも2つ重ねます」

Describe Behavior

子どもの行動を説明する

わが子がやっていることを、実況中継するように言葉にしていきます。子どもは「親が自分に注意を向け、受け入れている」としっかり感じ取ります。親が子どもの行動を説明することで、行動と言葉のつながりを理解できるようにもなります。また、言葉で説明されると遊びへの集中がより長く続きます。

ポイントは子ども中心の言葉にすることです。具体的には、子どもを主語にして子どもの行動を説明します。「お人形がおうちに入ったね」と言うと人形が主語になりますが、「○○ちゃんがお人形をおうちに入れました」と言うと子どもが主語になります。子どもが行動を起こす前に説明してしまうと「これをしなさい」という命令になってしまいますので、必ず終わった後にしましょう。

先読みして「○○ちゃんが××しようとしています」と言いたくなることも

△ 行動の前に先読みして言う

「おうちをつくってるんだねー、そうだよねー」

◎ 実況中継する

「○○ちゃんが青いクレヨンで1本の線を描いています」
「○○ちゃんが、青いブロックを赤いブロックの上に上手に重ねました」
「○○ちゃんがお人形をやさしくなでています」

子どもの手元を見ているのはいいですね。行動の後に実況中継しましょう。

具体的な行動の説明でわかりやすいです。

あるかと思いますが、それだとそんなつもりはないのに子どもは「命令」ととらえてしまうことがあります。実際にしていることだけを言葉にします。

子どもとの時間を楽しむ

Enjoy Time Together

親自身が「子どもと一緒にいるのは楽しい」と感じ、子どもにも「親が楽しんでいる」と感じられるように、大げさなくらいのスマイルで遊ぶことを心がけます。

ほめるときは拍手をしたり、背中をやさしくなでたりすると、うれしい気持ちをさらに高めます。スキンシップには子どもの気持ちを落ち着かせる効果もあり、子どもが何かを失敗したときにもおすすめです。

△

変化の少ない表情と声

表情のない顔と単調な声で「パパと遊ぶのたのしーねー」

楽しむ

表情を大きく、生き生きした声とスマイルで「上手に○○できたねー」とハグする

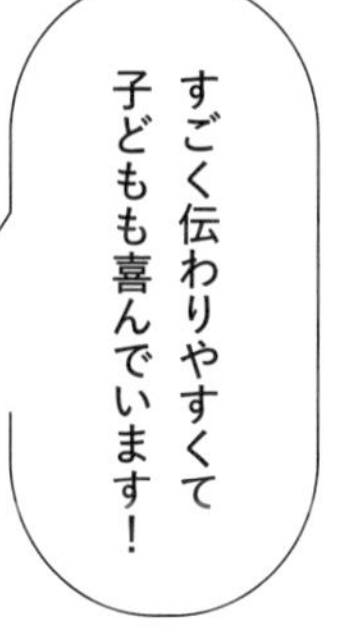

言葉をかけられたのはよいです！笑顔だともっといいですね。

すごく伝わりやすくて子どもも喜んでいます！

子どものかんしゃく（強い感情）は〈CARES〉で落ち着かせます

このパートでは、子どもが感情をコントロールできなくなって、泣いたり、騒いだりしたときの対処法を紹介します。〈特別な時間〉で練習を始めるとよいですが、少しずつ日常生活でも使っていきましょう。

1歳頃の子どもは突然「イヤだー」と大声をあげて泣いたり、ひっくり返ってバタバタ騒いだりすることがあります。いわゆる「かんしゃく」です。その他、大きな音に驚いて泣いたり、慣れない環境で泣いたり、いろんなきっかけで大泣きが始まります。でも、「かんしゃく」という言い方にはちょっとネガティブな響きがあるので、ここでは「強い感情」と言い換えていきますね。

子どもに「強い感情」が起きているとき、親から見ると、「なぜそんなに泣くの？」「なんでそんなに叫ぶの？」とぼう然とすることもあるでしょう。２歳半を過ぎると、その行動は親の関心を引きたくて大きな声で泣いたりする注意引き行動である可能性も出てきますが、もっと幼い子どもの場合は、注意引きというより別のシンプルな理由があります。

幼い子どもは感情をコントロールすることがまだ苦手です。さらに、言葉で気持ちを説明することも上手にできません。どう言っていいかわからないイライラを表現するために、全身を使って泣いたりエビぞりしたりするのです。成長過程の一つですからあまり心配しなくても大丈夫ですが、時と場合によっては親としてほとほと困るし、腹が立つこともあるでしょう。

ＰＣＩＴトドラーでは、そんなときの対処法が５つあり、その頭文字から、〈ＣＡＲＥＳ（ケアズ）〉と呼ばれています。〈ＣＡＲＥＳ〉には順番はありません。どこから始めてもよく、状況によってはいくつかを同時にやります。

〈ＣＡＲＥＳ〉を覚えておくと、外出中の大泣きなどにもあせらずに対応できます。また、2歳以降の「イヤイヤ」の相手がラクになるでしょう。

CARESの実例

遊んでいたぬいぐるみの尻尾がもげ、うわーんと泣き始める

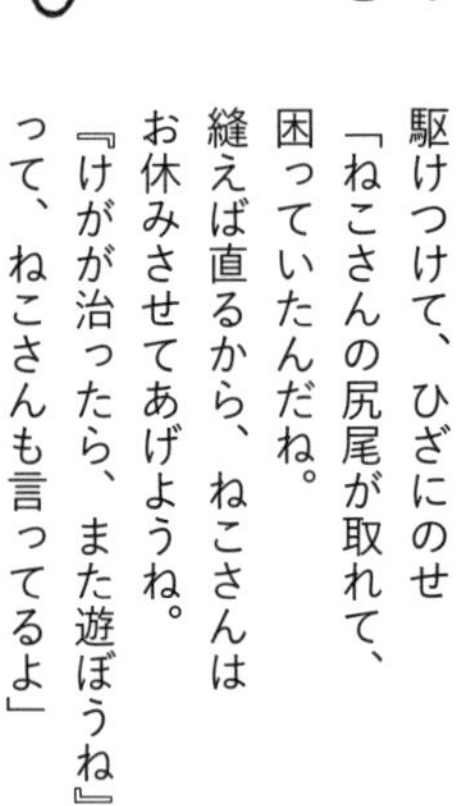

駆けつけて、ひざにのせ
「ねこさんの尻尾が取れて、困っていたんだね。縫えば直るから、ねこさんはお休みさせてあげようね。『けがが治ったら、また遊ぼうね』って、ねこさんも言ってるよ」

すぐそばに寄ってスキンシップが取れていますね。泣いている理由を発見し、子どもの気持ちを言葉にできました。解決策を伝えて安心させることができたのも大変よかったです。

CARESの応用編

●ダイニングの子どもが、うっかりコップを倒して大泣きしている

△ 現状

キッチンからママの声
「どうしたのー」
パパは離れたところから
「ママ早く来てよー」

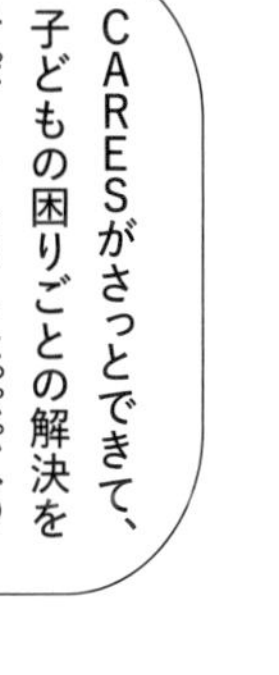

◎ CARES

すっと子どもに近寄り、
やさしく背中に触れて、
それからコップを直し、水をふくパパ
「コップが倒れちゃって
びっくりしちゃったねー。大丈夫だよー、
パパここにいるよ～」

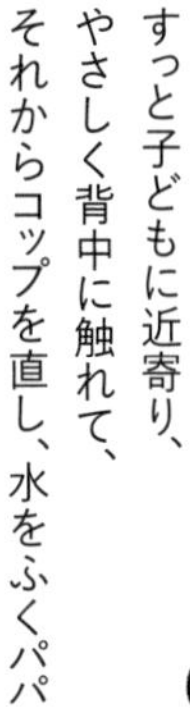
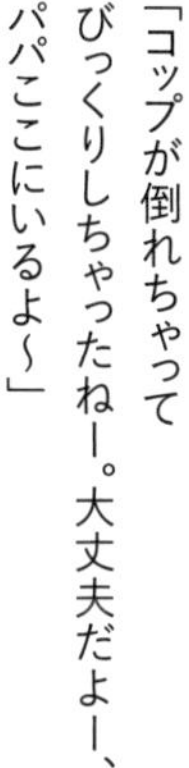

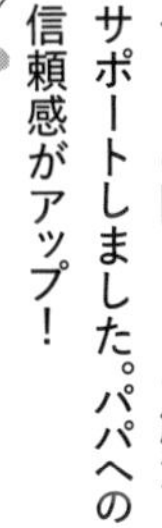

C	Come in 近寄る	子どもが騒いだら、子どもの手の届く距離にやさしく近づきます。怖い表情で近づいてくると刺激してしまうので、やさしく、おだやかに。親のあたたかみや頼りがいを伝えます。
A	Assist Child 子どもを手助けする	何かできないことがあってイライラしているときは、手伝ってあげましょう。かわりにやってあげるのではなく、あくまでも子どもと一緒にするか、手助けするだけです。子どもが再度トライするときは、「それでいいよ、できるよ」など声をかけて応援し、成功したら拍手でほめます。
R	Reassure Child 子どもを安心させる	「ママ／パパはここだよ」「大丈夫だよ」とやさしい言葉をかけ、親がそこにいることを伝えて安心させます。信頼関係を築きます。
E	Emotional Validation 感情を言葉にする	子どもは自分に起きている感情や気持ちをどう表現したらいいのかまだ知りません。親が子どもの気持ちをくみ取って「大きい音がしてびっくりしたのね」「ワンワンが大きくて、こわかったんだね」など言葉にしてあげると、自分の感情に意味があることや、親に注目されていることが伝わります。
S	Soothe Child 声とタッチでなだめる	スキンシップを取りながら、おだやかな声で話しかけます。子どもは安全とともに守られていることを実感します。リラックスしたおだやかな態度は子どものお手本になりますし、すべて大丈夫!という感覚の手がかりにもなります。

子どもの感情や気持ちを言葉にする〈感情のラベリング〉

子どもは言葉を覚え始めると、早い段階で「好き」「いや」を言えるようになりますが、人間の心の中にはそれ以外にもいろんな気持ちがあります。でも、知っている言葉の少ない子どもたちは、それを表現することができません。

また、論理的に説明する力はまだ育っていないので、「○○が××でイヤだった」といったことを上手に伝えることもできません。

そこに伝えたい「気持ち」があるのに言葉で表現できないことは、子どもにとってすごくもどかしく、泣いたり、わめいたり、反り返ったりして伝えるということもあるのです。

そういうときに親が「よしよし」とスキンシップしながら、「ママがいなくて、怖かったんだねー」「転んでびっくりしちゃったねー」「ママに抱っこしてほしかったんだね」などと、子どもの感情や気持ちを言葉にして伝えると子どもはとても安心します。

このような経験を重ねることは、小さな子どもにとって大きな意味があります。「悲しい」「驚いた」「さびしい」「怖い」といった気持ちの名前を覚え、自分の気持ちを人に伝えることができるようになると同時に、他人の気持ちを想像し、共感する力も育まれるのです。そして、やがては周りの人と良好な人間関係を築いたり、自分の感情に気づいて問題を解決したり、自分をなだめることもできるようになります。

「感情」は自分の考え（認知）に気づくシグナルでもあります。思春期以降悩みの時代に突入したとき、様々な感情に気づきそれを表現することができれば、誰かに相談したり、逆に相談にのってあげることもできるようになります。

感情を表す言葉

うれしい
楽しい
わくわくする
喜ぶ
楽しみにする
うきうきする
あたたかい
やさしい
親切
安心する
なかよし
落ちつく
気が合う
思いやりがある
満足する
感動する

好き
愛している
おだやか
陽気な
明るい
ほこらしい
ほっとする
気持ちがいい
さわやか
ごきげん
おもしろい
さっぱり
すっきり
うっとり
勇気がある

悲しい
気持ちが悪い
恥ずかしい
びっくりする
おどろく
さびしい
あきる
苦しい
困る
怖い
疲れる
心配する
イライラする
つまらない

怒る
くやしい
ごきげんななめ
きらい
いや
苦手
気に入らない
つらい
痛い
寒い
暑い
おなかがすく
うっとうしい

落ち着いたら〈切り替え〉を

ＣＡＲＥＳで子どもが落ち着いたら、〈切り替え〉を手伝います。気持ちを切り替え、遊びで行動を切り替えます。

まだ遊ぶ元気がありそうなら、子どもの体を玩具に向けて「ここを押すと、○○が出てくるよ」「こんな音がするよ」などと興味を引きましょう。子どもの注意がそちらに向かい、玩具に向かって手が伸びていけばもう大丈夫。強い感情は消え、気持ちも関心も楽しく遊びたいモードに切り替えられています。

〈切り替え〉に用いる玩具は、音や光を発するものがおすすめです。音や光は子どもの好奇心を引きつけ、さっきまでの強い感情を忘れさせてくれます。

興奮して泣いたことで、のどが渇いたり、おむつが濡れたりした場合は、飲み物やおむつ交換もよい気分転換になります。

不適切な行動は〈薄い反応〉でスルー

子どもが親の反応を見たくて、コップをテーブルから放り投げた後に親を見るといった、問題行動をとることがあります。この問題行動の目的は、主に親の注目を自分に引きつけることにあります。このとき親が子どもに近寄って「ママに見てほしかったんだね」と感情を言葉にしてスキンシップを取るなど、子どもの期待通りの反応をするのはおすすめではありません。子どもの問題行動が成功したことになって、その後も同じことが繰り返される可能性が高くなるためです。

PCITトドラーでは、このような子どもの行動に対しては〈薄い反応〉をとることを推奨しています。〈薄い反応〉は一般社会でいう「塩対応」に近く、子どもが期待しているような注意を向ける対応をしないことを意味します。

〈薄い反応〉の基本は、見えない、聞こえないふりをすることです。視線も子どもからそらします。

視線をはずされた子どもは期待通りの反応が得られず、「あれ?」と戸惑います。そのスキを突き、親は〈切り替え〉のスキルを用いて、他の玩具に注意を向けさせます。ここでも音や光を発する玩具がおすすめです。後ろから子どもの腰を抱え、体を玩具に向かせるようにします。

この間、親は望ましくない行動についてはなんのコメントもしません。むしろ、そんなことはなかったかのような態度をとり続けます。


親やきょうだい、友だちを叩いたりけったり、ものを叩いたり投げたりする行動や、自分を傷つけたりする子どももいます。

こうした行動に対して親は「どうしたらいいの?」と困惑し、フリーズしてしまうかもしれません。しかし、こんなときこそ親が落ち着いた態度で子どもに対応したいですよね。子どもがけがをしていないなら、次のようにしてみてください。

①子どもの目の高さにしゃがんで子どもの両手を自分の両手で包み込み、子どもと目を合わせて「乱暴はしません」と言います。

②子どもの手を包み込んだ状態のまま、視線を3秒間子どもからそらします。

③再び視線を合わせ、落ち着いた声で「乱暴はしません。やさしいお手々です」と言います。

④〈切り替え〉のときと同じように、子どもの腰を抱えて別の玩具に向けさせます。

⑤PRIDEスキルを使いながら子どもとの遊びに戻ります。

小さい子どもの破壊的な行動や自傷的な行動の前には、表情のゆがみ、不満そうな声、乱暴な行動などの合図が見られます。この合図に早めに気づき、すかさずCARESのスキルを使って子どもを落ち着かせることが予防になりますが、忙しい日常の生活ではこの合図に気づきにくいこともあります。〈特別な時間〉で毎日5分集中して親子が向き合っていると、少しずつ見えてくるようになります。

「言うことを聞く」力をつくります

〈PRIDEスキル〉に慣れ、毎日5分間子どもと楽しく過ごせるようになったら、子どもが親の言うことを聞く練習にも挑戦してみましょう。

親子関係が安定していて、親の指示が適切でわかりやすく具体的な場合、子どもは思ったよりずっと言うことを聞くようになります。反対に、親子関係がうまくいっていなかったり指示がうまくわからないと、親の指示に反抗的な態度をとるなど、指示を出すことをきっかけにトラブルが起きやすくなります。

そういうわけで、一刻も早く言うことを聞いてほしいと思うあなたも、ここではまず1日5分の〈特別な時間〉で親子関係を整えるところから始めてください。10日以上続け、「変化の目安」（↓P126）を感じられるようになったら、〈特別な時間〉の中に、指示に従う練習を組み込んでみます。

変化がゆっくりした子どももいるので、なかなか変化が感じられなくても気長に続けていれば大丈夫です。取り組んでいること自体がすばらしいのですから、「よくがんばっているね」と自分を毎日ほめてください。

もし一か月以上毎日〈特別な時間〉を続けているのに変化が感じられない場合、自身の〈特別な時間〉の様子をスマホで録画してみるのもおすすめです。

DONT'スキルの数が多くありませんか？　PCITセラピストが治療としてセッションを実施するときは、DONT'スキルは5分間に「命令・質問・批判」を合わせて3つ以下にします。

大丈夫だったら、今度は「行動の説明・繰り返し・具体的にほめる」を、5分間にそれぞれ10個以上出るようにします。これを私たちはゴール（マステリー）基準としています。

変化の目安

子どもと遊ぶとき
イライラしなくなった

子どもの合図（シグナル）が以前より
読み取れるようになった

子どものよいところ（長所）が
わかるようになった

子どもとカチッと合うように
感じるときが増えた

自分でやるときはここまで厳格にすることはないです。一番のおすすめは「具体的にほめる」を5分間に7回、これを目指してみることです。効果バツグンですよ。

遊びながら指示を出す／言うことを聞くスキルを練習する

〈特別な時間〉で子どもと一緒に遊べるようになってきたら、次は言うことを聞く練習にもチャレンジしてみましょう。とはいえ、小さな子どもなので理解できる指示はまだ限られています。「お決まりの指示」から始めるといいですよ。最初の「お決まりの指示」としては「〇〇を××に入れて（置いて）ください」「〇〇をママ／パパにください」などが向いています。

子どもが機嫌よく落ち着いているときに、できれば遊びの流れの中で、次の手順で「このクレヨンを箱に入れてください」「（ままごとで）ママにりんごをください」など、子どもの手が届くものを動かすよう指示してみましょう。

「（伝える）—（5秒待つ—言うことを聞いたら熱烈にほめる）—（やってみせ

る）―（もう一回挑戦する）―（指導する）」手順です。

①（伝える）子どもの近くに行きます。背中をやさしくタッチするなどスキンシップをとりながら、対象を指さして「○○に××を入れて（置いて）ください」「○○をパパ／ママにください」と、落ち着いた声で言います。このときとても大切なジェスチャーがあるので一緒にやってみてください。取ってほしいものと置いてほしいところを交互に指をさします。例えば、「このクマさんをママにください」という指示を出したとして、クマさんと、ママの手を交互に何度か指さします。

②（5秒待つ―言うことを聞いたら熱烈にほめる）5秒以内にクマさんをママに渡すことができたら、「すぐに言うことを聞いてくれてありがとう！　よくできたね！　すごいね！」と拍手しながらほめます。ちょっと大げさかな、と思うくらいにほめるのがちょうどいいです。↓〈特別な時間〉（↓P85）に

戻ります。

③（やってみせる）5秒待っても子どもがやってくれないときは、「クマさんをママに渡すってこうするんだよ」と親が自分で自分にクマさんを渡してみせ、元の場所に戻します。それから、もう一度「クマさんをママに渡してくださいい」と言って交互の指さしを繰り返します。

④（もう一回挑戦する）さらに5秒待って言うことを聞かなかったら、「次は○○ちゃんの番ですよ」と言ってからもう一度②を繰り返します。

⑤③も④も、言われた通りにできたら、「言うことを聞けてすごい！ありがとう」と拍手しながらほめます。タッチやハグをするのもおすすめです。〈特別な時間〉の遊びに戻ります。↓

⑥（指導する）5秒待っても子どもがやってくれないときは、「クマさんをママに渡すのをお手伝いします」と、子どもの手をやさしく取り、「これがクマさんをママに渡すということです」と言いながら、一緒にやります。↓〈特別な時間の遊び〉に戻ります。

この一連の流れで、親は効果的な指示を出し、子どもは親の指示に従う基本的なやり方を身につけることができます。たとえば、お出かけの際に「危ないから、走っちゃダメ」ではなく、「ママの手を握ってください。危ないから一緒に行こうね」と指示して子どもが言うことを聞いたら、すごくハッピーでストレスもなくなります。

最初の「お決まりの指示」に慣れてきたら「ここに座ってください」や「お母さんの手を握ってください」など、生活面でも役に立つ指示にもチャレンジしてみましょう。そして子どもの成長に応じ、応用編の指示を出してみてください。そのとき、次のポイントを押さえると小さな子どもにもわかりやすくなります。

〈効果的な指示のための8つのルール〉

①指示は直接的に出す。

直接の指示とは「～してください」「～しなさい」という命令型の指示です。「～してくれない？」「～しようか」は間接的な表現でおだやかな感じがしますが、子どもは指示だとわからないことがあります。

②指示は1回に1つだけ。

記憶する力が十分でない子どもには「お人形を置いて、服を着て、靴を履いてください」ではなく、「お人形を置いてくださいね」と一つだけ指示を出します。

③子どもの年齢や発達に見合った指示を出す。
指示の内容がわからないことのないように、たとえば「ブルーのスポーツカー」ではなく、「青いブーブー」と言い換えます。

④指示は具体的に。
たとえば「お行儀よくしなさい」ではなく、「お母さんのそばに座りなさい」など、何をすればよいかはっきりさせます。

⑤ポジティブなタッチやジェスチャーを添える。
⑥子どもの目の高さで目を合わせ、落ち着いた声のトーンで指示を出す。
⑦指示を出す理由の説明は短く、指示の前か子どもが言うことを聞く前に。
⑧子どもに指示を出す前に子どもに近寄る。

セラピスト川崎雅子さんの体験談

子どもをほめることが困りごとの予防に

一般社団法人日本PCIT研修センター臨床部長のセラピスト、川崎雅子さんが2022年に第1子を出産されました。子育てで日々感じているPCITの効果や、セラピストとして気になる今どきの子育てについて聞きました。

PCITで娘はご機嫌ガール

PCITの普及につとめるセラピストとして、娘が生まれた日からPCITのさまざまなスキルを使っています。おそらくそのおかげで娘はあまり手がかからず、今のところ外出中もぐずって親を困らせることはほとんどありません。夜泣きもそんなに激しくはなかったです。いつもニコニコしていて、朝起きてママを見てニコッとしてくれるのを見るだけで毎日幸せな気持ちになります。

そんなにおだやかな娘でも、感情が揺れて突然エビぞりになったり、わーっと興奮したりすることがあります。私もびっくりして、思わず「どうしたの？」と言ってしまいがちです。でも、やはり質

川崎雅子
一般社団法人日本PCIT研修センター臨床部長。公認心理師、臨床心理士、PCIT International Within Agency Trainer。CARE-Japan 認定ファシリテーター。専門分野は臨床心理学・子育て支援学・親子相互交流療法（PCIT）。

問するよりも、「いやだったんだね」「びっくりしたんだね」など、感情のラベリングのスキルを使うほうが子どもの落ち着くまでの時間が短いです。また、子どもに質問したのに子どもが答えてくれないと親はあせってしまいますが、感情のラベリングなら親も落ち着いていられることを実感しています。

ほめられるときに、できるだけほめておく

食事の時間には、子どもの行動を言葉にするスキルや具体的賞賛のスキルを使っています。生後10か月頃、食事中に私が他のことに気を取られていると、食べ物をぷーっと口から出して注意を引こうとする行動がありました。「やめて」と言いたくなるところでしたが、

〈薄い反応〉でスルーし、食べているときに「にんじんを一口食べました」「上手にごっくんできたね」とよい行動をほめました。すると効果てきめん、不適切な行動がすぐに減りました。親の対応次第でわずか10か月の子どもでもこんなに差が出てしまうのかと、少し怖さも感じたできごとでした。

子どもが強い感情を示しているときに冷静に対応するのは、セラピストの私でもちょっと難しいです。なので、気持ちが安定していて、いい子にしているときにいっぱいほめておきます。そうすると、協力的な行動が増えるので、結果として強い感情で困ることが減るように感じています。得てして、困る行動にどう対処しようかと考えがちですが、よい行動のときに注目を与えて不適切な行動を予防するようなイメージです。

また、子どもが小さいほど、声のトーンを明るくすることを意識すると、伝わりやすいです。言葉をまったく知らなくても、娘は声のトーンや雰囲気でほめられていることを感じていたと思います。私は手を叩いて拍手しながらほめることが多かったので、今は「上手に食べられたー」と娘をほめると、本人も一緒に手を叩いています。セラピーでもお子さんの食事中の行動に困っているという声をよく聞きます。できれば0歳のうちから食事中にPCITのスキルを取り入れ、予防的に声かけをしておくのがおすすめですね。

子どもをほめすぎても問題ナシです

自分に子どもができたことで、ベビー用品の売り場や健診会場など、親子が集まる場所に足を運ぶ機会が増えました。はじめはパパ・ママたちの言葉が「走らないで」「触らないで」など否定形が多いことがとても気になりました。日本では「人に迷惑をかけない」ということがすごく強調されているため、社会のマナーを教えるときに否定形が避けられないのかもしれません。でも、ＰＣＩＴの指示は肯定文で出すというポイントを活用し、「走らないで」を「手をつないで行こうね」などと言い換えるだけで、親子で過ごす時間がより楽しくなるように思います。

子どもに「ありがとう」と言うチャンスなのに惜しいなと思うこともあります。子どもが親に協力的だったり、指示に従ってくれたときには「よくできたね、ありがとう！」としっかりほめておくだけで親子の関係がよりよくなり、子どもの社会性をさらに伸ばすことにつながります。

「あまりほめると、子どもがつけあがるのでは？」という誤解をしている親御さんもいますが、実際には子どもはほめられることでよりよい行動が増えます。反対に、何をしてもほめられず、言うことを聞かないときに怒鳴られたり叩かれたりするお子さんがいるとしたら、これからが心配です。子どもは親の問題解決行動を見てまねする能力があるので、のちに学校で何か不満があると他の子に攻撃的な態度をとり、ともすれば自分の親も叩くという悪循環に陥ってしまうように思います。

PCITの知識を子育てのお守りに

以前から子育てを教えてくれる学校があればいいのに、と思っていました。親も子どもの月齢・年齢の分しか親である経験をしていないので、最初から上手にやるのは難しいです。赤ちゃんを抱っこするのはわが子が最初のパパ・ママが多いという話も聞きました。

親になってはじめて知ったことは私にもいろいろあります。親は他の人に助けてもらう立場だということも今では日々感じています。職業としては今も困っている人をサポートしていますが、家族や保育所の先生など多くの人の支えがなければ子どもを育てていけません。親になって感謝を感じる機会がぐっと増えました。

階段しかない駅では、若い学生さんがベビーカーを地上まで運んでくれました。娘を抱っこして買い物しているときには、店員さんが買い物かごを袋詰めスペースまで移動してくれました。私は娘が6か月のときに仕事復帰しましたが、子育てと両立できているのは職場の皆さんの理解があってのことです。このように一つ一つのことへの感謝の気持ちを忘れてはいけないと思っています。

毎日忙しく疲れていると、ＰＣＩＴでおすすめしている5分間集中して子どもと遊ぶことも無理、と感じるかもしれません。そうであっても知識として知っているだけで、親としての自信になります。

もちろん毎日の〈特別な時間〉ができていれば、「忙しくてもこれだけはやっているから」と、より確かな自信になるでしょう。〈特別な時間〉を続けるためのコツの1つは、親が元気であることだと思います。私自身も、子ども優先で自分のことは後回しになりがちですが、手抜きできるところはして、自分が元気であることの優先順位を上げるようにしています。

でも、本当に困ったときは無理をせず専門家にご相談されることをおすすめします。セラピーはハードルが高いと感じる方もいらっしゃるかもしれませんが、風邪を引いたときに受診するのと同じと思ってください。クリニックを訪れる時間が取れない方には、インターネットPCITという方法もあります。コロナ禍に始まったこの方法で、どんな地域の方でもPCITのセラピーを受けられるようになりました。まだ親をやるのに慣れていないパパ・ママは、小さい勇気で大きい変化を得られるでしょう。

PCITトドラーを応用し、親子の日常をハッピーに

子どもへの声かけは誕生のその日から

子どもは生まれたときから親に声をかけられることが大好きです。言葉が理解できなくても、やさしそうな声で話しかけられるのはうれしく、「自分もおしゃべりしたい」という意欲が引き出されます。親からの声かけは、心の発達にも言葉の発達にも非常に重要といえるでしょう。

子どもはテレビや録音された音声を聞くのも好きですが、親の声かけのかわりにはなりません。直接話しかけられたときに脳が受ける刺激のほうがずっと大きいことも明らかになっています。

子どもに前向きな言葉をかけることは、親の心も明るくしてくれます。笑顔が返ってきたら最高ですね。

とはいえ「まだ言葉をよく理解できない子どもに、どういう言葉をかけていいのかわからない」という人もたくさんいるのも事実です。そんな方に向け、ＰＣＩＴトドラーを応用した声のかけ方をシーン別に紹介します。

SCENE
1

目覚め
あいさつは生まれた日から

あいさつには、「あなたがいてくれてうれしい」という気持ちをあらわす役割があります。生まれた日から積極的にごあいさつしましょう。寝たり起きたりを繰り返す子どもには、一日何回も「おはよう」と「おやすみ」を言うことになるかもしれませんが、その分声かけが増えるのもいいところです。

でも小さい子どもにとって、目覚めは心地よいものとは限りません。おなかがすいている、汗やおしっこが気持ち悪いなど、不快さに気づいて泣いてしまうことも。そんなときに親から「おはよう」を言ってもらえると、ほっとするはずです。あいさつと一緒に、手を握ったりほっぺにキスをしたりするなどのスキンシップもあると効果倍増です。

△ 声かけなし

泣く赤ちゃん「ぎゃー」
子どもを見ないでバタバタする
ママ「ミルク」、「おむつ」

○ 声かけあり

泣く赤ちゃん「ぎゃー」
ママ「おはよう！　ちゅっ」

慣れないお世話は大変！
まず静かに近寄ると
子どもは安心します。

上手に近寄って、
スキンシップもできました。
ミルクかな？　おむつかな？

SCENE 2

おむつ替え

ほめる言葉で子どもを集中させる

大人もそうだと思いますが、いきなり身体を引っ張られたり、横にされたりするのは子どももびっくりします。おむつ交換の準備を整えたら、「おむつ交換しましょうね」と声をかけてから子どもの姿勢を変えましょう。

動き回らないように玩具を持たせる人は多いと思います。持たせるだけでなく、「上手に持てているねー」「ボタンを上手に押せたねー」など、遊んでいることをほめると子どもは玩具に集中しやすくなります。子どもが機嫌よく遊んでいる間におむつの交換を済ませたら「上手におむつ交換できました」と子どもと自分をほめましょう。

△ついネガティブな発言が

あせるパパ
「ちょっと！　動かないで！」

おむつ替えご苦労様です。

○PRIDEスキルあり

おむつ交換されながらガラガラを
いじる赤ちゃん
おむつ交換するパパ
「上手に鳴らしてるねー」

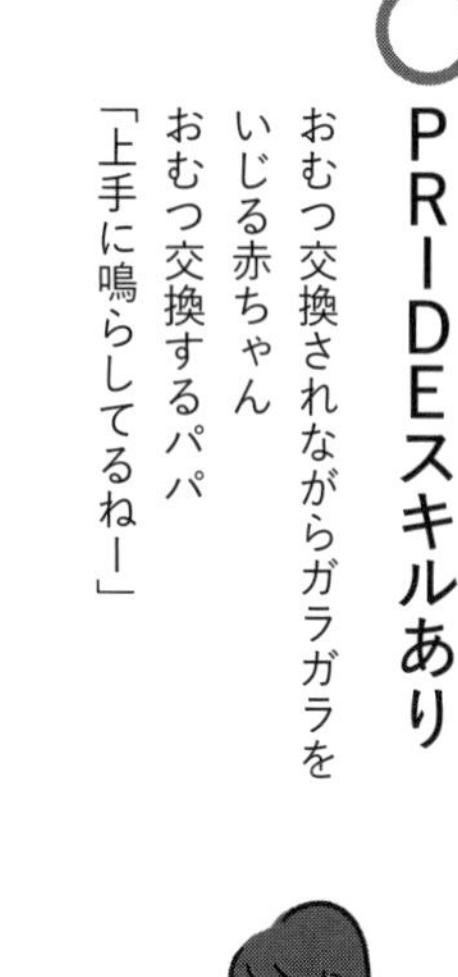

SCENE 3

トイレトレーニング
トイレをほめほめ天国に

1歳から2歳にかけてトイレトレーニングを始める家庭が多いようです。「おしっこしたい」「うんちが出そう」と感じる機能が十分に発達してから始めたほうが、効率よく進みます。

失敗したときに「なかなか上手にできないね」と口から出てしまったり、「ちゃんと教えてって言ったでしょ」などと叱られたりすると、トイレを怖いものだと思ってしまい、余計に「おしっこ」と口にしにくくなってしまうかもしれません。そのときできたことをこまめにほめていくと、子どもはどうすればいいかがわかり、リラックスして取り組めるようになります。

「自分でパンツを下げる」「便座に座る」「手を洗う」「タオルで手をふく」と

いったすべての行動を「できたー」「すごいねー」とほめていると、子どもにとってトイレは親にほめられる楽しい場所にもなります。

△親のがっかりが口に出る

子ども「……」
ママ　「あらー、出ないわねー」
（がっかり）

うんちが出ないとがっかりしますね。そのがっかりは並行プロセス（→P42）で子どもにも伝わります。

○PRIDEスキルあり

トイレの子どもに
「上手に座れたね！」
子ども（ニコニコ）

ママにほめられてうれしそうですね。

SCENE 4

授乳

授乳を安心・安定の時間にする

おっぱいにしろ、ミルクにしろ、授乳は子どもの生命維持に欠かせません。授乳してくれる人を頼りに生きている子どもは、本能的に授乳中の声かけやアイコンタクト、スキンシップに敏感に反応し、「気持ちいい」「うれしい」といったポジティブな感情を芽生えさせていきます。

授乳は1日に何度もあり、正直面倒に感じることも多々あります。でも、安定したアタッチメント（愛着）を構築するうえで、授乳の時間はまたとない機会です。この時間を大切にするためになるべくスマホは横に置いて赤ちゃんの方を向き、アイコンタクトや言葉かけをたっぷりするよう心がけましょう。子どもが安定すると親にも余裕と時間が生まれます。

声かけなし

授乳しながらスマホで
メッセージを送っている
赤ちゃん（ママを見ている）

◎ PRIDEスキルあり

授乳中の母「いっぱい飲んで
いい子だねー」
赤ちゃん（ニコニコ）

SCENE 5

食事①
食事の直前に言葉をかける

子どもは予想外のことや見通しの立たないことに対して、消極的な態度を取ることがあります。「小さい子どもに『見通し』ってピンとこない」と思うかもしれませんが、子どもの観察能力には目を見張るものがあります。もちろん明日のことまで見通せるわけではなく「次の5分」くらいの見通しです。何かをやるときは直前に「これから××をやるよ」と声をかけましょう。

食事の際も、「これからごはんですよ」と声をかけてから、席につかせることが大事です。「食べようね」と声をかけられ、一緒にテーブルにつき、「さあごはんだ！」という雰囲気の中で「いただきます」をすると準備万端です。

△お知らせなし

ママの声「パパー、
座らせておいてー」
パパ「オッケー、よいしょ」
赤ちゃん（急にびっくり）

◎お知らせあり

パパ「これからごはんだよ。
椅子に座るよー」
赤ちゃん（ニコニコ）

パパのサポートナイス！
移動させる前に何をするか
声かけすると、ご機嫌が
変わりにくくなります。

アイコンタクトをとり
ながら、これから何を
するかを知らせて、上手に
声かけができています！

SCENE 6

食事② 適切な行動に注目する

食事の間はPRIDEスキルとDON'Tスキルを意識して、とくに指示はなるべく避けます。楽しい気持ちで食事をしたいのは、子どもも大人と変わりません。食事のときこそ、PRIDEスキルを使うチャンスです。スプーンやコップを手で持っていること、食べ物を飲み込めたこと、自分から食べようと手を出したこと、ちゃんとお座りしているなど、当たり前のことでも不適切な行動でなければほめてください。気まぐれな子どもも、たくさんほめてもらうと食事に集中しやすくなります。

108ページで紹介している、子どもの行動を実況中継するやり方は大いに参考になると思います。

△声かけが指示に

赤ちゃん（もぐもぐ）
お世話するママ「ごっくんしてねー、残さないで食べようねー」

お食事に同席するのはいいですね。指示は少ないほうが集中できます。

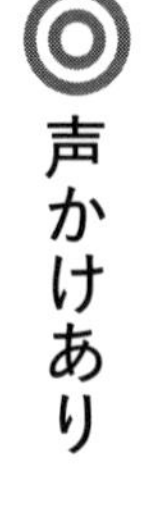

声かけあり

ほめるママ「上手にコップから飲めたねー、えらいなー！にんじんも食べられたねー、すごいねー！」
赤ちゃん（ニコニコ）

ほめられた行動は定着して増えていきます。ママがほめたのでコップから上手に飲めるようになりました！

SCENE
7

食事③
「薄い反応」と「ほめる」を組み合わせる

小さい子どもは食事中に食べ物をぐちゃぐちゃにしたり、食器を何度も落としたりすることがあります。わざと親を困らせているように見えることもありますが、小さい子どもは楽しく遊んでいるだけで、空腹が満たされたらより遊びに関心が向きます。ここは危険でない限りスルーしましょう。「落としちゃダメ」と叱るかわりに、「スプーンをしっかり持って食べる」ということを親が手伝って体験学習させていきます。その後子どもが自分でできたら、目いっぱいほめてください。言うことを聞くスキルを使うのは、1回の食事中1~2回にしぼってください。

✕よくない行動に注目する

赤ちゃん（スプーンぽい）
ママ「そんなことしちゃダメでしょ！」（イラッ）

○子どもに言うことを聞くスキルを教える

「スプーンを持ってください」

（スプーンを持たない）

「スプーンを持つのはこうだよ」（やって見せる）「スプーンを持ってください」

（スプーンを持つ）

「上手にスプーンが持てました！」

SCENE 8

お出かけ
声かけと玩具が大騒ぎの予防に

外出先でショッピングカートに乗せられるのを嫌がったり、欲しいものの前で動かなくなって泣いたり、落ち着いて買い物ができない場合もあるでしょう。強い感情を示しているときは、CARESのスキル（↓P112）でひとまず落ち着かせ、場所を移動して気分転換を図ってみてください。できれば店に入る前にこれからどんなもの（例：今日の夕ごはんに使うもの）を買う予定か伝え、ものの名前を教えながら買い物をするのもいい方法です。

外出中は周りの目も気になり「触っちゃダメよ」など、禁止や命令が多くなりがちです。「ちゃんと座っていられてえらいね」「静かにお医者さんに診察してもらえてすごい」など、ほめる言葉をいつも意識してください。

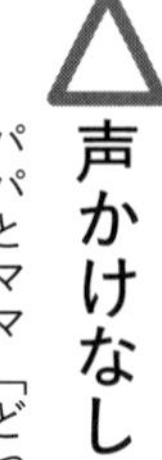

△声かけなし

パパとママ「どっちが
安いかなー」
カートの子ども（たいくつー）

手元に玩具があると
ゆっくりお買い物できますよ。

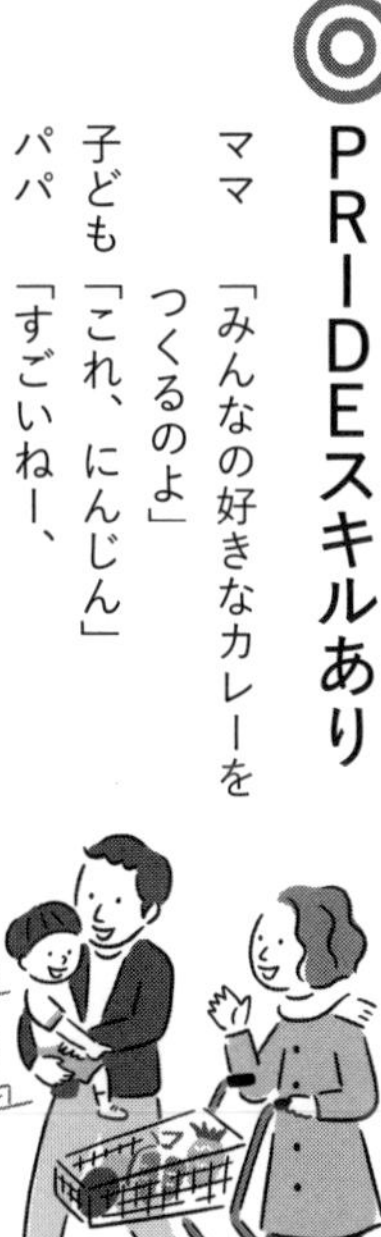

◎PRIDEスキルあり

ママ　「みんなの好きなカレーを
つくるのよ」
子ども「これ、にんじん」
パパ　「すごいねー、
よくわかったねー」

おしゃべりと
スキンシップで上手に
安心させています。

SCENE 9

児童館などの遊び場
親がお手本を示す

子ども同士で遊ぶときによくあるのが、他の子どもが遊んでいる玩具や遊具の横取りです。実は1歳半ばでは、まだお友達と分け合うという概念は育っていません。頭ごなしに叱るかわりに「このおもちゃで遊びたかったんだね。今お友達が遊んでいるから、こういうときは『貸して』って言うんだよ。ママが言うのを見ていて。『貸してください』」と親が手本（モデル）を示します。

貸してもらえず不機嫌になりそうなときは切り替えのスキル（↓P120）を使います。他の玩具や遊具に子どもの体を向けて、「あれ、おもしろそう！」と切り替えをすれば、子どもの興味はそちらに移ります。音や光の出る玩具や、ボールのように動きがある玩具のほうが簡単に注意を引くことができます。

✕ 声かけなし

子どもA「ぶーんぶーん」
子どもB「ママー」

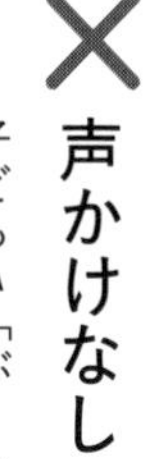
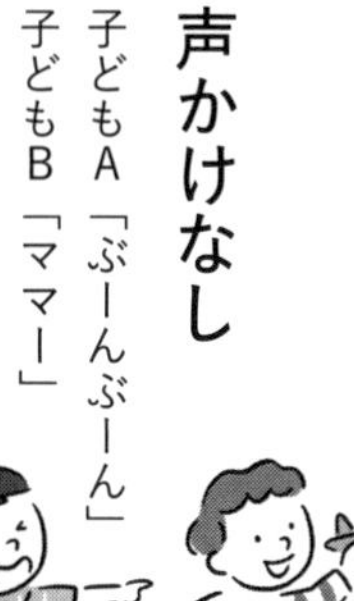

ママ達は離れた場所でおしゃべりに夢中

まだ分け合って遊ぶのが難しい年齢なので、双方の子にも手助けが必要です。

○ 切り替えのスキルあり

ママA「あのおもちゃで遊びたかったんだね。あのおもちゃは今、Bちゃんが使っているの」
（おもちゃのボタンを押して音を鳴らし、Aちゃんの身体をおもちゃに向ける）
「あ、このおもちゃはいい音がでるね！」
子どもA「うん！」

上手に切り替えることができましたね。

SCENE 10

片付け
説明しながら一緒にやる

大人のまねが大好きな1歳ぐらいから、大人と一緒に片付ける習慣を身につけていくと、自然に片付けができる子になっていきます。本人が出し入れするものは本人の手の届く場所に置く、整理ボックスに絵のラベルをつけて子どもにもわかるようにし、親が口で説明し、歌を歌いながら子どもと一緒に片付けるようにしていれば、子どももやり方を覚えることができます。

一般に、親が子どもに「片付けなさい」と指示を出し、言うことを聞けるようになるのは2歳半以降です。小さいうちからお片付けの習慣ができると、親も子どももラクになります。

○モデルを示す

ブロックを出したまま、
人形で遊んでいる子ども
ママ（ひとりで片付け）

◎モデル＋一緒に

ママ「♪お片付け〜お片付け〜
さあさあみんなでお片付け」
「ブロックを上手に
お片づけできたねー」
子ども「えっへん」

お片付けのモデルを
示すのはいいですね。
ご機嫌がいいときは一緒に
お片付けしてみましょう。

お歌を歌ってお片付けを
する習慣をつけると、
子どももこの歌のときは
お片付けだ、と学びます。
楽しくお片付けなんて最高！

SCENE 11

読み聞かせ

生き生きとした表情と声のトーンで

絵本には親も子どもも楽しめるものがたくさんあり、少しの時間でもいい思い出になります。

文字を読むときは、声に抑揚をつけてちょっと大げさなくらい表情豊かにします。絵を指さして、「これは○○だよ」と説明し、ページをめくるときは「ページをめくるよ」と教えます。子どもにはページをめくるという行為も新鮮で、自分でもやりたがるかもしれません。その場合は、「上手にページをめくれたね！」とほめましょう。

子どもの喃語のまねをしたり、子どもが指さすものに「○○だねー」と言葉を添えて、スキンシップや一緒の時間を楽しみます。

○ 淡々と読む

無表情なパパ
子どもに
絵本を読んでいる

絵本を一緒に読むのはいい習慣です。
プラスアルファでさらによい効果が！

◎ 表情を豊かに

楽しそうに
読み聞かせるパパ
「絵本に集中できて
いいねー」

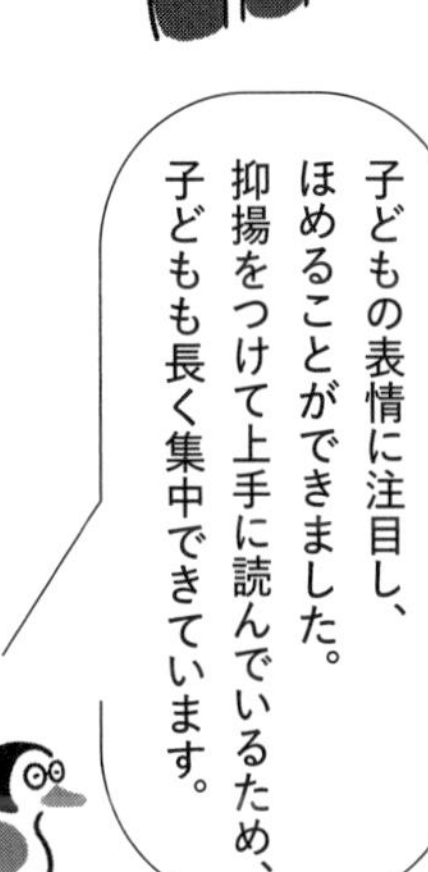

子どもの表情に注目し、
ほめることができました。
抑揚をつけて上手に読んでいるため、
子どもも長く集中できています。

SCENE 12

就眠

睡眠お役立ちリストを活用

子どもとの長い付き合いのなかで、「夜眠る」ということは子どもにとっても親にとっても最も早い時期に起こる最も重要な課題の一つと言ってもいいのではないかと思います。夜寝てくれたらどんなにラクだろう、いつかそんな日が来るのだろうか、と思いながら眠い目をこすって真夜中に生まれたてのわが子の授乳をした経験は、新米ママ、パパだったら必ずあることでしょう。夜に限って寝てくれない！とわが子を恨めしく思ったこともあるかもしれません。

0〜3カ月の新生児の平均睡眠時間は昼寝を含めて14〜17時間で、ほとんど一日中寝ていますが、どんなに長くても3〜4時間おきには目を覚まします。それが、1〜2歳になると一日に11〜14時間で、お昼寝と夜の眠りにまとまってきます。寝かしつけやよい睡眠のための事前準備をリストにしたので使ってみてください。夜泣きの予防にも役立ちます。

〈眠りを安定させるお役立ちリスト〉

①就寝時刻を一定にする。
②就寝時刻少し前になったらリラックスした雰囲気を意識する。外部の騒音を最小限にし、親も落ち着いた声で話す。おだやかなBGMも効果的。
③子どもを決まった場所で寝かしつける。
④お気に入りのぬいぐるみや毛布など落ち着くものを持たせる。
⑤気が散るもの（テレビなど）のない、静かで落ち着いた暗い環境をつくる。テレビ、ビデオ、タブレットは覚醒度を高めるので、寝つきには使わない。
⑥寝かしつけをする親の感情が落ち着いていること。自分に向かってポジティブな声かけをする、深呼吸する、軽くストレッチする、大人のためのCARESを使う（→P174）などが有効。

⑦お風呂は寝かしつけの2時間前には済ませる。体温が高いと寝つきが悪くなるため。手足を布団から出すなど熱を逃がすことが効果的なことも。

⑧PRIDEスキル（↓P100）を使う。寝つきに向けてそのステップをほめる。「自分でお布団に入っていい子ね」「ちゃんと横になっておりこうさん」

眠りに関係した行動の説明もする。「あくびをしました」「お目目をこすりました」

SCENE 13

夜泣き
夜泣き対策

頻繁な夜泣きは「親泣かせ」でもあります。夜中のドライブやお散歩など数々チャレンジして、それでもおさまらず朝を迎えて疲れ果ててしまった人もいるのではないでしょうか。夜泣きは昼間の強い感情（かんしゃく）とはまたちょっと違って、子どものＣＡＲＥＳ（↓Ｐ１１２）を使ってみてもうまくいかないことがあります。夜泣きの原因は１つではありませんが、眠りたいのに眠れない、ということが不快で、泣き出すことが多いと言われています。小さな子どもは大人に比べてまだ睡眠と覚醒を上手にコントロールして切り替えるのが苦手だからです。

「私が泣きたいよ」と思ったときは、まず、大人のＣＡＲＥＳ（↓Ｐ１７４）

を使ってみてください。そして自分が落ち着いてきたら、次は「5分の抱っこ歩き」にチャレンジです。最近の研究では、「抱っこして、一定のリズムで、とにかく淡々と5分間歩くのが効果的」だといわれています（東京工業大学黒田公美先生の研究）。

外に出なくても、部屋の中をぐるぐる回りながら歩くだけで十分です。そして子どもが腕のなかで寝ついたら、そのまま5〜8分待って（座って大丈夫です）、それからベッドに寝かせます。これは「輸送反応」と言って、哺乳動物の赤ちゃんにも見られる反応です。外敵が多い野生生活では危険があるときに親に運ばれることが多いので、哺乳類の赤ちゃんは、輸送のときに親に協力するために静かにしているんだそうです。子どもって賢いですね。

お母さん、お父さんの安定も大事です

親も〈CARES〉で自分の感情を調節しましょう

〈CARES〉（↓P112）には大人向けバージョンがあります。実はこれが子ども向けの〈CARES〉以上に大切です。

親だっていつもニコニコ落ち着いていられるわけではありません。子どもに対してイラッとして思わず手が出そうになったり、家を飛び出したい気持ちになったり、感情がコントロールできなくて困ることがあるはずです。

子育ての毎日では小さなことから大きなことまでがまんの連続です。つい爆発してしまって後悔したことがあるかもしれません。親向けの〈CARES〉は、自分で感情をコントロールしやすくするためのものです。

親が自分の感情を上手にコントロールできるようになると、子どもの行動にもよい変化があらわれます。Ｐ42でも述べましたが、ＰＣＩＴでは、これを「並行プロセス」と言っています。

並行プロセスはＰＣＩＴのとてもすぐれた特徴だと思います。子どもだけ、あるいは親だけよくなるのも好ましいことですが、両方よくなって互いによい影響を与え合う効果はとても強力です。より長く、より高いレベルで親子関係が改善されていきます。とくに乳幼児は親の変化への感応性が高く、幼稚園児や小学生よりも短い期間で親とともに変化していきます。

Check Cognitions, Clue into Yourself
～自分の考えを振り返る、自分に目を向ける

感情と考え（認知）と行動はそれぞれつながっています。今の自分の考えに気づいて言葉にしてみるだけで落ち着いてくることがあります。

「私、今泣きやまない子どもと、横で爆睡しているパパに、いい加減にしてと怒っているな。そうだ、私、怒っているんだ」など、言葉に出してみましょう。

考えの振り返りのポイント

〈特別な時間〉をやってみたいと思った理由はなんでしたか？

―どんな効果を期待していましたか？

あなたのボディランゲージ（身振り手振り）は子どもに対する気持ちを十分表現できていますか？

―子どもに「ありがとう」を伝えるとき、どんな風に言っていますか？

子どもと遊んでいるときの気持ちはどうですか？

―最近子どもと遊んでいて気づいたことはありますか？

Assist Self

～自分を手助けする

子どもが言うことを聞かなくてイライラしてしまうとき、何日も夜泣きが続いてストレスでいっぱいなときなど、家事をするのも育児をするのも面倒になることはないでしょうか。女性はとくに出産後のホルモンバランスの不安定さもあるかもしれませんし、ストレスの原因は他にもたくさんあります。

ストレスを感じ、身体が緊張してしまっているときはリラクゼーションが役に立ちます。緊張したまさにそのとき、とっさのリラクゼーションをしてもいいですし、毎日の生活に適宜取り入れてもよい習慣になります。

簡単なリラクゼーション

深呼吸する

―鼻から吸った息を腹に送り込み、口からゆっくり吐き出す腹式呼吸は、酸素を多く取り込むことができ、ストレス軽減に役立ちます。

顔や手を洗う　シャワーをあびる

―興奮して熱がこもっている顔や手を水で冷やすと、ひんやりと気持ちが落ち着きます。

ストレッチをする

―ストレスがあるときは、身体が強張りがちです。ストレッチをすることで緊張をほぐします。

その場で軽くジャンプする

―軽い運動で血流をよくすることで、全身をリラックスさせます。

R

Reassure Self

〜自分を安心させる

ネガティブな考えと感情にはまると、なかなか抜け出せなくなります。子育ては思い通りにいかないことの連続でつい「何か発達の問題がある?」「自分はダメな母親だ」「この子はダメな家庭に生まれてかわいそう」など、深みにはまってしまいます。

いったん深海レベルの深さに気持ちが沈むと浮上に時間がかかります。自分の気持ちを切り替えて明るくするスキルを身につけておくと、何かがっくりくることがあっても深みに落ち込まず、早く立ち直ることができるようになります。

肯定的なイメージを呼び覚まして自分を安心させます

家族のハッピーなできごとを思い出す

―家族みんなが笑顔になった
できごとはどんなことでしたか？

ひとりごとは
「私はがんばれてる」「よしうまくいった！」
など前向きに

―自分にエールを送ります。

今後家族で楽しむイベントのことを考える

―旅行の計画や、七五三など、家族で楽しみにしていることは？
その日を笑顔で迎えるためにできることはありませんか？

E

Emotional Awareness

～自分の感情に気づく

親も自分自身の感情に気づき、認めていきます。この手法は自分の感情を判断するのではなく、認識して受け入れるのに役立ちます。親が「自分は今イライラしている」「怒っている」と気づくことは悪いことではありません。気づくことは自分を客観的に見る第一歩になります。

小さい子どもは親の感情、とくにストレスに敏感です。子どもに不安を与えないためにも、自分の感情と向き合う時間をつくってみましょう。

自分の感情もラベリングする

今どんな感情なのか
言葉に出してみる

—「イライラ」「不安」「ゆううつ」「怒り」「嬉しい」「楽しい」

—手を動かして文字を書く作業は、気持ちの整理に役立ちます。

S

Sensitive & Soothing

〜自分にやさしく、自分をなだめる

Aが身体的なリラクゼーションだったのに対し、Sは心理的に自分にやさしくするものです。やり方は、声に出して自分をほめ、なだめるだけ。子どもにやさしくするときのように、自分への語りかけのトーンをやさしくし、繊細に自分をなだめます。大人のためのCARES、実は私も使っています。

自分をやさしくなだめる方法

声に出して明るい声で自分をほめる

鏡に向かうママ
「おうちが散らかっていても、大丈夫！　家族が元気なら問題なし！　今日も私はがんばった！」

鏡に向かって明るく微笑む

鏡に向かうパパ
「ぼくは最高のママと世界で一番かわいい子どものいるパパだ！　ぼくって最高ってことだな」ガッツポーズ

ナイスファミリー！

あとがき

思えば、前著『1日5分で親子関係が変わる！ 育児が楽になる！ ＰＣＩＴから学ぶ子育て』の「はじめに」を書いたのは、２０２０年4月、コロナ禍で緊急事態宣言が発令されたその日でした。あれから3年、私はこのＰＣＩＴトドラーの本の「あとがき」を、奇しくもCOVID-19が感染症分類2類相当から5類に引き下げられる直前の5月初めに書いています。

この長かった3年間、皆さんはどんな風に過ごしておられましたか？

0歳だった子どもは3歳になり、3歳だった一人っ子は小学校に入学して、お兄ちゃんやお姉ちゃんになっているかもしれません。小さな子どもを育てているお父さん、お母さんにとっては本当に大変な3年間だったでしょう。一日に何度も手を洗ってうがいして、お熱を測って、外に行くときはマスクをして、あ〜またとっちゃった…が日々のルーティーンに加わって、とにかくてんやわんやだったのではないでしょうか。

ＰＣＩＴにも様々な変化がありました。感染症が急激に広がる中、対面式のＰＣＩＴの実施が難しくなってしまって頭を抱えましたが、アメリカのＰＣＩＴ仲間がインターネットＰＣＩＴの情報を積極的に出してくれたため、日本のＰＣＩＴｅｒｓ（ピーシーアイターと呼びます）一同がんばってネットに取り組むことになりました。これがことのほかうまくいって、日本ＰＣＩＴ研修センターでは、一時は１００％の家族がインターネット上でＰＣＩＴを受けている時期もあったほどです。

クリニックとご自宅をネットでつないでのＰＣＩＴは、ふだんの環境の中で子どもがＰＣＩＴに取り組めるため、慣れてくれば対面式と同等か、場合によってはそれ以上に効果が認められるということもわかってきました。このひょうたんから駒の体験から、感染状況が落ち着いてきてからもインターネットＰＣＩＴはずっと続けています。それから、いろんなところで「本読みました！」「スキル使っています！」と声をかけていただくことも増えて、お役に立っているようでよかったなあ、と感慨深く思うことも多々ありました。

本書のきっかけとなった「幼児のための親子相互交流療法　ＰＣＩＴ　Ｔｏｄｄｌｅｒｓ」の、最初の専門家向けワークショップもオンラインでした。２０２１年１月、ロサンジェルスと日本をネットでつないで、エマ・ジラード先生に４日間、12人の日本の熟練ピーシーアイターがみっちりと教えていただいたのです。以来、この３年間に49人のピーシーアイターがＰＣＩＴトドラーの訓練を受け、１００組以上の親子がこの治療を受けることになりました。

この経験の中で、標準型ＰＣＩＴに匹敵する効果があるということを実感し、これは絶対にイヤイヤ期や言葉の出で困っているトドラー世代の子をもつ親の皆さんになるべく早くシェアするべきだ！　と考えるようになりました。

子育てって、遺伝子的にプログラミングされているアプリが妊娠や出産に伴ってダウンロードされて、あら不思議、母となり父となったら自然とスイッチが入る…ものではもちろんありませんよね。知識や訓練、経験の積み重ねが必要です。新米ママ、パパを支えるポジティブ応援団ももちろん必要です。

なのに、バタバタしているうちにあっという間に子どもは大きくなります。ちょっと前まで寝てばかりの乳児だったのが、いつのまにかハイハイし、気づけばどしどし歩いてイヤイヤ期に突入し、大かんしゃくでメルトダウンしています。エビぞって強い感情を起こす子どもの傍らで、周りからの視線が刺さるように感じることも少なくないのでは。

まだあまり言葉が出ておらず、感情調節も未熟で難しい12か月から24か月の時期に、子どもが強い感情から抜けられないでいるのを回復するよう助け、子どもの発語をうながし、親が自分の子育てに自信をつけるためのとっておきの戦略や便利なツールを紹介するのがこの本です。

前半だけだったら生まれた直後からでも使えます。そして2歳半を過ぎて、少しずつ親への注意引き行動が目立ってくるようだったら、標準版のＰＣＩＴに移行していってください。より専門的にＰＣＩＴトドラーについて学んでみたいという方は参考文献をご覧ください。

最後に、この本の執筆にあたり、エマ先生はじめＰＣＩＴ Ｔｏｄｄｌｅｒｓ原著者の皆様に心から感謝します。そして再び力強く支えてくださった小学館編集部の中西彩子さんと長野伸江さん、日本ＰＣＩＴ研修センターの加茂康二先生、川崎雅子先生、上地彩香先生、平川仁美さん、乾揚子さん、愛する2人の子どもたち、本当にありがとうございます。

皆さんの育児が楽しくなるよう、この本がお役に立つことを心から願っています。

2023年5月　　加茂登志子

参考文献

① Girard, E. I., Wallace, N. M., Kohlhoff, J. R., Morgan, S. S.J, & McNeil, C. B. (2018). Parent-child interaction therapy with toddlers. Improving attachment and emotion regulation. Springer; 1st ed. 2018
②加茂登志子監訳：PCITトドラー　幼児のための親子相互交流療法―アタッチメントと感情調節の改善のために―、千葉テストセンター、2023

加茂登志子 かも・としこ

東京女子医科大学卒業。元東京女子医科大学精神神経科教授。
東京都女性相談センター嘱託医、東京女子医科大学附属女性生涯健康センター所長を経て、
2017年若松町こころとひふのクリニックPCIT研修センター長および一般社団法人日本PCIT
研修センター所長。PCIT International グローバルトレーナー。
著書に『1日5分で親子関係が変わる!育児が楽になる!PCITから学ぶ子育て』(小学館)がある。
日本PCIT研修センター公認サイト　https://pcittc-japan.com/

取材協力 **川崎雅子**

一般社団法人日本PCIT研修センター臨床部長。

公認心理師、臨床心理士、PCIT International Within Agency Trainer。

CARE-Japan 認定ファシリテーター。

専門分野は臨床心理学・子育て支援学・親子相互交流療法(PCIT)。

1日5分!PCITから学ぶ0〜3歳の心の育て方
2023年 8月 1日　初版第1刷発行

著　者　加茂登志子
発行人　青山明子
発行所　株式会社 小学館
〒101−8001
東京都千代田区一ツ橋 2−3−1
電話(編集) 03·3230·5623
(販売) 03·5281·3555
DTP　株式会社 昭和ブライト
印刷所　萩原印刷株式会社
製本所　株式会社 若林製本工場

Printed in Japan　ISBN 978-4-09-311432-5

Staff
イラスト　オグロエリ
デザイン　阿部美樹子
編集協力　長野伸江